博雅文叢

孔子的故事

李長之 著

出版說明

「博雅教育」，英文稱為 General Education，又譯作「通識教育」。

甚麼是「通識教育」呢？依「維基百科」的「通識教育」條目所說：「其一是通才教育；其二是指全人格教育。通識教育作為近代開始普及的一門學科，其概念可上溯至先秦時代的六藝教育思想，在西方則可追溯到古希臘時期的博雅教育意念。」歐美國家的大學早就開設此門學科。

在兩岸三地，「通識教育」則是一門較新的學科，涉及的又是跨學科的知識。概而言之，乃是有關人文、社科，甚至理工科、新媒體、人工智能等未來科學的多方面的古今中外的舊常識、新知識的普及化介紹，等等。因而，學界歷來對其「定義」抱有各種歧見。依台灣學者江宜樺教授在「通識教育系列座談（一）會議記錄」（二零零三年二月）所指陳，暫時可歸納為以下幾種：

一、通識就是如（美國）哥倫比亞大學、哈佛大學所認定的 Liberal Arts。

二、如芝加哥大學認為：通識應該全部讀經典。

三、要求學生不只接觸 Liberal Arts，也要人文社會科學學生接觸一些理工、自然科學學科；理工、自然科學學生接觸一些人文社會學，這是目前最普遍的作法。

四、認為通識教育是全人教育、終身學習。

五、傾向生活性、實用性、娛樂性課程。好比寶石鑑定、插花、茶道。

六、以講座方式進行通識課程。（從略）

近十年來，香港的大專院校開設「通識教育」學科，列為大學教育體系中必要的一環，因應於此，香港的高中教育課程已納入「通識教育」。自二零一二年開始的第一屆香港中學文憑考試，通識教育科被列入四大必修科目之一，考生入讀大學必須至少考取最低門檻的「第二級」的成績。在可預見的將來，在高中教育課程中，通識教育的份量將會越來越重。

在互聯網技術蓬勃發展的大數據時代，搜索功能的巨大擴展使得手機、網絡閱讀、搜索成為最常使用的獲取知識的手段，但網上資訊氾濫，良莠不分，所提供的內容知識未經嚴格編審，有許多望文生義、張冠李戴及不嚴謹的錯誤資料，謬種流傳，誤人子弟，造成一種偽知識的「快餐式」文化。這種情況令人擔心。面對着人工智能技術的迅猛發展所導致的對傳統優秀文化內容傳教之退化，如何能繼續將中國文化的人文精神薪火傳承？培育讀書習慣不啻是最好的一種文化訓練。

有感於此，我們認為應該及時為香港教育的這一未來發展趨勢做一套有益於中、大學生的「通識教育」叢書，針對學生或自學者知識過於狹窄、為應試而學習的不良傾向去編選一套「博雅文叢」。錢穆先生曾主張：要讀經典。他在一次演講中還指出：「此時的讀書，是各人自願的，不必硬求記得，也不為應考試，亦不是為着做學問專家或是寫博士論文，這是極輕鬆自由的，只如孔子所言：『默而識之』便得。」我們希望這套叢書能藉此向香港的莘莘學子們提倡深度閱讀，擴大文史知識，博學強聞，以春風化雨，潤物無聲的形式為求學青年培育人文知識的養份。

本編委會從上述六個有關通識教育的範疇中，以第一條作為選擇的方向，以第二條的芝加哥大學認定的「通識應該全部讀經典」作為本文叢的推廣形式，換言之，就是為初中、高中及大專院校的學生而選取的，讀者層面也兼顧自學青年及想繼續進修的社會人士，向他們推薦人文學科的經典之作，以便高中生未雨綢繆，入讀大學後可順利與通識教育科目接軌。

這套文叢將邀請在香港教學第一線的老師、相關專家及學者，組成編輯委員會，分類包括中外古今的文學、藝術等人文學科。而且邀請了一批受過學術訓練的中、大學老師為每本書撰寫「導讀」及做一些補註。雖作為學生的課餘閱讀之作，但期冀能以此薰陶、培育、提高學生的人文素養，全面發展，同時，也可作為成年人終身學習、補充新舊知識的有益讀物。

本叢書多是一代大家的經典著作，在還屬於手抄的著述年代裏，每個字都是經過作者精琢細磨之後所揀選的。為尊重作者寫作習慣和遣詞風格、尊重語言文字自身發展流變的規律，給讀者們提供一種可靠的版本，本叢書對於已經經典化的作品不進行現代漢語的規範化處理，提請讀者特別注意。

「博雅文叢」編輯委員會

二零一九年四月修訂

目錄

導讀

回歸為人的孔子

孔子是個人，彷彿沒多少人知道這件事。此話怎說，且聽我慢慢道來。

孔子，聲名由遠古流傳至今，國人無不知曉。說他偉大，因他是中國傳統文化的奠基者，塑造了獨一無二的中華文化，影響了歷代中國人，……然而，今日社會瞬息萬變，世人關注全球化，以資本為首，能立孔門儒學為做人宗旨，持仁、義、禮、智、信等道德觀念去應付生活和工作的，幾稀矣！。目下，孔子對我們一般人來說，似乎更多是文化傳承所需曉得的人物，是為保存傳統文化而存在的符號，或者甚至就僅僅是個名字而已。

大抵通過中學教育，及以中國文化為題的各種考試，我們開始接觸孔子，死記硬背他的語錄，漸次被「塞」入儒家思想。於是人人皆知的孔子，便以一個傳統權威老人的形象呈現，因為要背誦、要考試，這關乎升學和未來的前途，跟古代科舉製造成的現象相同——以未來的利益綁架了我們的價值判斷，所以認為孔子的思想和話語必然是對的，須記憶和傳承，成為了教條。孔子在我們心中亦成為一位嚴肅古板，每句話語均是至理名言，象徵着正確和大道，彷彿吐口口水落地都能生出七彩蓮花，如高山仰止，不可企及。然而人們避而遠之，考試過後便遺忘所學，更甚者是讓處於成長和反思價值時期的青少年感到厭惡，作出反抗，則又造成了反效果。

可是我們別忘記，孔子雖由漢武帝獨尊儒術以來成為「聖人」，影響中華文化和道德，但他與西方宗教的奠基者不同，他不是神，他由始至終都是個人。與西方的神不同，神的思想是統一而完整的，一存在便已具備，始終如一，並以行動反映給世人；但孔子不同，因為他和我們一樣，會生老病死，有人生不同的階段——少年、青年、中年和晚年，不同階段的人生和遭遇會影響他的思想和價值觀。如面對同一件事，你和你的父親就可能因身份和年齡的不同而產生不同的理解和反應，孔子亦然；《論語》所說的那些大道理並非孔子總結終生書寫出來的教條，而是處於人生不同階段的反思和理解，對同一處境會有不同的理解，甚至產出相悖的人生哲理和態度。因而孔子是個真實而且活生生的人，是一個可以傾訴甚至開玩笑的朋友，青年時期的他說不定也長了青春痘，出走途中也許會走得腳抽筋。可惜在教育和考試制度下，我們卻很少將他當作是人，學他思想卻其實不了解他是個怎麼樣的人，既熟悉又陌生。

在百年前的中國社會，對孔子的理解也如是，主張「打倒孔家店」的人也只是順應五四運動全面西化的潮流，舉着批孔旗幟的世人一如以往不理解孔子及其思想。正值反傳統價值成為大潮流的時期，一九五四年李長之先生開始寫作《孔子的故事》，一九五六年完成並出版，以極其通俗易明的語言描繪孔子的生平和思想，由出生至老死，集中於生活和處世方面寫出孔子的人生，讓當時（至現今）的世人重新認識孔子是怎樣的一個人。時代狹隘的政治運動會隨時間消逝，有價值的作品卻能流傳後世，時至今日，李長之此書依舊是認識孔子的入門佳作。

此書文字雖直白淺顯，但李長之詳細考究資料，所記載的孔子故事皆有出處，敍述同一事件時必先經過研究和對比不同資料再下筆，不少地方更將孔子《論語》中的話直接變成故事的對白。我們曾經死記硬背的文字，在此書都成了孔子在不同處境中說出的真實話語，顯得親切，且讀來會感同身受，知道他的處境便更能理解他話裏的思想和感悟。

這本書以故事形式書寫，如一部分為二十九回的傳記，所記載的比《史記》的〈孔子世家〉豐富，時間更為連貫，塑造了孔子作為人物的鮮明形象，真實如生活在身邊的人。孔子再不是嚴肅古板的老人家，他非常幽默，甚至懂得自嘲，如有一回他跟弟子走散，弟子找他時問到一個路人，形容孔子「貌似堯舜，形態卻如喪家犬」，弟子找到孔子後，告訴他路人的話，孔子否認似堯舜，卻對喪家犬的形容非常認同；又如他主張以禮樂建設國家，聽到弟子子游當官時教百姓禮樂，卻笑其「割雞焉用牛刀？」，子游反駁是實行老師主張時，孔子馬上陪罪似地說是在開玩笑。除了幽默，孔子還不時展露真性情，他並不是永遠如書本上印刷的那副老成持重的模樣，弟子顏淵去世時，他的反應是「天喪予！天喪予！（老天要了我的命了！）」悲慟之至；他在衛國會見聲名不好的夫人南子後，弟子子路不悅，孔子馬上發誓表示自己沒做過你所想的事，否則不得好死。由此，能看出孔子是擁有真性情的人，會拿弟子逗樂、會尷尬地發誓、會因愛徒之死而悲慟，像一個年長的智者，親切地與我們分享生活經驗。作者努力將孔子還原為人，想來另有一層意思：堵截個人崇拜。我們作為後輩也不妨用心領悟他的這份苦心，以免重蹈歷史的覆轍。

因孔子於教育上的主張讀者知之甚詳，以下着重分析其政治上的事跡。孔子在世時可謂無甚建樹。固然於後世而言，因漢武帝以「儒表法裏」的方式治國，儒家思想便成為政治道德的標準，影響後世所有官員；孔子所著的《春秋》對魯國時期政治的書寫與評價，影響後世所有從政者的政治道德和倫理。但孔子在世時，抱持的政治觀是死守周朝留傳下來的禮法，在分崩離析的春秋時局中，他要求統治者回歸到從前大一統時期的政治模式，可說是一個極端守舊的保守派，而非能面對不同時局隨機應變的大政治家。細數孔子的從政經驗，他曾當過的乘田（管牛羊）、委吏（會計）都不算大官，直到五十一歲時當上魯國的中都宰（地方官），繼而任司空（建設）、司寇（司法）才算真正參與管理國家的政治事務，得以實踐其禮教仁政的政治理念。在職其間，稍為能稱得上政治成就的事件就只有夾谷會議的外交勝利和成功打壓魯國貴族。然而由於極端保守，不通人性，導致魯定公和貴族都怕了他；不與當權者處理好關係，不懂政治權謀的他，齊景公一招美人計便逼得他自行離開魯國，甚至也沒有被怎麼挽留。

徒具政治理念終究與真正參與政治不同，滿懷理想主義的孔子無法真正治理好國家，自出走以後再無國家重用，只好在衛國、晉國、陳國、楚國和魯國間奔波流浪，其間還曾被監視、包圍、迫害，遭遇失散和斷糧，最後不得不回到魯國著述《春秋》，以文字抒發其政治理想。他的政治才能甚至不及其弟子，其弟子子游、子路、公西華等均有官職；他之所以能回到魯國，靠的是弟子冉有在魯國當官，才受邀請。有次連子路都看不慣孔子的守舊政治觀念，請教孔子治國之道前，孔子說要正名（即糾正好君臣的名份），子路便直斥其迂腐，在紛亂的春秋時勢又如何能正名份？然而他遭到了孔子嚴厲的訓斥。我們可以理解孔子，因他一直以道德楷模和禮教傳人的形象處世，為了貫徹其思想，他不得不以傳統的政治法則去治國，如此雖在當時無法取得成功，但卻留下了堅守理念的鮮明形象。中國傳統向來崇拜悲劇英雄，政治失敗卻無限影響後世政治的孔子是當中的表表者。

讀偉大人物的思想和語言時，難免面臨同樣的問題——因為那人的偉大形象早就從各方面注入我們腦海，使我們先入為主地認為他所說的一切均是至理名言，可以畢生受用，於是在閱讀和全盤接收之間沒有經過獨立思考和行動去證明其正確或適用與否。如前文所述，偉大人物如孔子也是人，也會遭遇少年懵懂、青年衝動、成年失意和晚年困苦的狀況，他們留傳下來的至理名言均是某一階段、成功或失敗後的感悟，在同樣狀況下適用，卻未必適用於人生所有時刻。因此作為優秀的讀者，我們須具備獨立思維能力，尊重和接收孔子留傳下來的智慧，如情況合適可在現實中應用，有效則繼續應用，無效則反思其價值，不斷提升自己，以做到能隨機應變，成為有智慧的新人類。

袁子桓

袁子桓，香港浸會大學中文文學士，火苗文學工作室成員，現職教師。熱愛文學，創作小説，曾獲文學獎，文章刊於各文學雜誌。

相傳孔子手種的檜樹（圍欄內）（在山東曲阜孔廟裏）

山東曲阜孔廟的正殿——大成殿（局部）

孔子的墳墓（在山東曲阜）

孔子和老子的會見（明墨拓《孔子世家圖》）

魯國和齊國在夾谷會談，孔子為魯國取得了外交上的重大勝利。（明墨拓《孔子世家圖》）

孔子和弟子們在宋國樹下講學，宋國司馬桓魋叫人來砍樹。(明墨拓《孔子世家圖》)

孔子在楚國的邊界上經過，有個好像瘋瘋癲癲的人，到孔子車子前面唱歌，不贊成孔子各處奔走。(明墨拓《孔子世家圖》)

孔子很刻苦而虛心地學習音樂（明墨拓《孔子世家圖》）

孔子最後的歌聲（明墨拓《孔子世家圖》）

孔子在陳國到楚國的路上被亂兵包圍住，糧食也吃光了，
可是他還照常給弟子們講學。（明崇禎刊《聖跡圖》）

孔子和弟子們編寫《春秋》，整理詩歌和音樂。
（明崇禎刊《聖跡圖》）

引子

二千五百年前，也就是公元前六世紀左右，世界上幾個古老的文明國家都呈現了燦爛的古代文化，一些傑出的學者和思想家就是這種燦爛文化的代表。在希臘有自發唯物論的奠基者泰勒斯（約在公元前六二四—前五四七年）[1]和辯證法的奠基者赫拉克利特（約在公元前五四零—前四八零年）[2]，在印度有佛教的創始人釋迦牟尼（約生於公元前五五零年），在中國有孔子（公元前五五一—前四七九年）。就中國來說，和孔子同時還先後出現了不少優秀人物，像淵博的季札，政治家晏嬰、子產，思想家老子，歷史家倚相、左丘明，軍事家伍子胥、孫武等。

孔子出生的時期，在公元前六世紀中葉，正當中國歷史上春秋時代（公元前七二二—前四八一年）的中期。這時的中國，社會生產力有了進一步的發展，如冶鐵技術，已達到相當高的水平，公元前五一三年晉國用鐵鑄刑鼎就是一個例證；一般生產工具——農具、手工工具，大致已用鐵製，由於生產工具的進步，農業、手工業有了很大發展。黃河中下游廣大的土地被開墾了，森林等富源也有被開發的可能了。手工業則逐漸走向專業化。在農業和手工業發展的基礎上，商業也發達起來，當時像孔子的弟子端木賜（子貢）、曾為越國上將軍的范蠡，都以經商致富。隨着社會經濟的迅速發展，整個社會都有巨大的變革。這種變革標誌着由奴隸制向封建制的過渡。

公元前六世紀時，在中原地區和淮水、漢水、太湖流域廣大的地域裏，分佈着許多大大小小的諸侯國家，這些諸侯國家名義上是周天子的屬國，其實是一些自主的或半自主的獨立國。隨着社會經濟的發展，以各國諸侯、卿、大夫為代表的貴族，彼此為了爭奪土地或勞動者，因此不斷地發生兼併戰爭，戰爭的結果，許多國家滅亡了，許多貴族沒落了，也有一些原來不是貴族的人，由於依附勝利的貴族而上升了。沒落的貴族和原來的下層貴族以及上升的人逐漸形成了「士」這一社會階層。這種「士」，在頻繁的戰爭中間，在各種軍事、外交、政治活動中間，獲得了廣泛的施展才能的機會。他們在當時中國社會由奴隸制向封建制的轉化過程中，曾起了相當大的推動作用，而孔子，正是「士」這一階層的最早的重要代表人物。

在這以前的文化是被貴族壟斷的，但在社會劇烈變動、階級關係發生新的變化時，這種壟斷情況就要被迫改變了。沒落的貴族和原來的下層貴族在這一改變中就起了橋樑作用。他們順應了廣大人民學習文化、學術和各方面知識的迫切需要，開創了私人教授學生、傳播文化的新教育制度。孔子就是在這種社會條件下產生的卓越的教育家。

當然，孔子不僅是個教育家，他還是個思想家。孔子是儒家的創始人，他有一套雖不周密而相當完整的思想體系和政治見解。孔子思想中最光輝的一點，是提倡「仁」，仁就是「愛人」，這反映了當時社會的現實，反映了由於奴隸制的漸趨瓦解而產生的當時庶人（廣大人民）的抬頭。孔子首先把文化知識普及到人民中間去，就是這種現實以及反映這種現實的人道精神的具體表現。這是孔子進步的一面。但是，孔子又主張用「禮」來制約「仁」，同時主張禮教、禮治，這就是說，孔子主張人跟人還是要按一定的等級、一定的規矩相處，也就是他說的：君要像個君，臣要像個臣，父要像個父，子要像個子，所以他說的仁——愛人，便又被等級秩序削弱了。在這一點上，孔子終於沒有完全突破階級限制，終於沒有突破舊的思想意識的限制，終於沒有突破那時社會還處在過渡期的最初階段的歷史限制。孔子對當時各國諸侯、大夫的互相兼併很不滿意，他主張天下和平統一，這是符合當時人民願望的，也是符合中國後來成為一個大的封建國家的歷史要求的；但是他所主張的統一，是要像西周初期那樣，在以周天子為首的舊貴族統治下的統一，這就雖然含有新的因素而終於和當時社會變革的現實相矛盾，這也就是孔子在當時不能不碰壁，政治活動不能不失敗的根本原因。進步和落後，改革和妥協，孔子兼而有之。這是孔子的矛盾，也是時代的矛盾。

儘管如此，孔子能夠提出「仁」，而且能夠普及文化知識，在教育事業上有很大的貢獻，其進步的一面還是主要的。源遠而流長的中國文化，孔子正是最早的、最重要的一個傳播者。

註釋

1 參看羅森塔爾、尤金編，中共中央馬克思恩格斯列寧斯大林著作編譯局譯《簡明哲學辭典》，人民出版社一九五五年版，第四零九頁。

2 同上書，第六七三頁。

一、沒落的貴族和孤苦的幼年

孔子的祖先原是宋國（在現在河南江蘇交界的地方）的貴族，如果再往遠裏說，他們還是殷代貴族的後代。孔子在臨死的時候也曾說自己是殷人呢。但是，到了孔子的前三四代，由於宋國統治集團的內部傾軋而逃到魯國（在現在山東東南部、江蘇西北部）避難的時候，這貴族的世家是日漸沒落了。

孔子的父親叫紇，字叔梁，是魯國一個職位不大的武官，他很有力氣。有一次，幾個諸侯國家去攻打一個叫偪陽（在現在山東嶧縣南）的小國，魯國也參加了。孔紇就在魯國的軍隊中。當他們攻入偪陽城的時候，守城的人把一種閘門放了下來，先入城的隊伍眼看就被隔斷在城裏了，這時孔紇卻用雙手把閘門一掀，掀起來了，先入城的軍隊才得以完全退出來。這事發生在公元前五六三年，離孔子出生還有十二年吶[1]。又有一次，孔紇和其他兩個魯國將領，率領三百武士，打退了齊國的侵擾。這事發生在公元前五五六年，離孔子出生只有五年[2]。這就是我們所僅僅知道的關於孔子父親的事跡了。

孔子的母親姓顏，叫徵在。當孔紇和她結婚的時候，她還很年輕，可是孔紇已經上了歲數了[3]。他們的結婚是沒有經過當時社會上所通行的完備手續的，因此遭到了社會上的奚落。

孔紇和顏徵在很希望得到一個兒子，他們曾在曲阜東南的尼丘山上禱告過。後來他們生了一個男孩，便給這孩子取名叫丘，別名仲尼。這就是後人習慣上尊稱的孔子。「仲」是老二的意思，這說明孔紇在和徵在結婚以前有過妻子，而且有過一個兒子了。

孔子生的這一年是公元前五五一年——周靈王二十一年，魯襄公二十二年[4]，距現在有二千五百多年的光景。

孔子父母的結合既不十分符合當時的禮制，而當時的禮制又特別沉重地約束着婦女，所以孔子的母親過着不很稱心的日子。孔子也就從小時候起，多懂得了一些人的臉色，多感受到了一些人情的冷暖，於是養成一個謹慎小心的性格，很敏感，很善於應付人，並習慣於遇事有所思索，總之，有點早熟吧。當然，由於孔子後來不斷的鍛煉，他並沒有因此而流入孤僻和冷酷。

可是不幸的是，孔子只有三歲[5]，父親孔紇便亡故了。他母親因為輿論的壓迫，連丈夫埋葬的地方也一直沒有告訴過孔子。那時，他家正從陬邑（在山東泗水縣東南）移居到魯國的國都曲阜。

孔子小時候得不到甚麼合適的玩具，他只是愛模仿祭祀，擺上小盤小碗，學着行禮玩兒。這就是他常做的也幾乎是唯一的遊戲了。

註釋

1 見《左傳》襄公十年。
2 見《左傳》襄公十七年。
3 見《史記．孔子世家》，張守節正義。
4 孔子生年有二說，一為《春秋公羊傳》、《谷梁傳》，說生於魯襄公二十一年（即公元前五五二年），一為《史記．孔子世家》，說生於魯襄公二十二年（即公元前五五一年）。二說都有支持的學者，有兩千年的辯論歷史，茲依杜預、鄭樵、朱熹、閻若璩、崔適等說，採取《史記》的說法。
5 見《孔子家語．本姓解》。

二、孔子幼年時代的魯國文化空氣

在孔子八歲的時候，吳國那個不肯接受王位的公子季札出使各地，到了魯國。季札在魯國有機會聽到魯國所特別保存着的較完備的周朝樂歌[1]。那些樂歌大部份保留在現存的《詩經》裏，連次序也和現存《詩經》中的大致相符。這說明魯國有比較完備的文化遺產。

季札是一個博學而有藝術修養的人，他對於聽到的樂歌都有中肯的、深刻的批評。他聽到《周南》、《召南》兩部份樂歌時就說：「真好呵，這反映出周代建國的基礎已經有了，只是還有點草創的光景。其中表現着勤勞，可是沒有怨意。」以後又聽到鄭地（在現在河南新鄭縣）的民歌，他對於鄭地民歌的批評是：「這種音樂為甚麼這麼細弱？很有享樂的氣氛。——這個小國有些危險了。」又往下，便聽到齊國（在現在山東的中部和東部）民歌，他很滿意，說：「很舒緩，很深遠，真是大國的氣派，這個國家的前途是不可限量呵。」再往下，是豳地民歌，秦國民歌，魏、唐二地民歌。他說：「豳地的民歌，愉快而不淫蕩。秦國民歌還保持周朝原先的歌調。魏、唐兩處的民歌，反映了儉樸而有遠慮的習俗。」[2]鄶地以下的民歌，他是不滿意的，但因為身為外交使臣，就不好意思多加批評了。

他又聽了宮廷音樂《小雅》和《大雅》，也順便誇獎了幾句。他在魯國，除了周代音樂以外，還見識到了前代的音樂歌舞。他最滿意的是相傳為大舜樂歌的《韶》，這種音樂的樂器主要是簫。他說：「我已經聽到並看到最好的了，再有其他音樂，我也不想享受了。」後來孔子也是很欣賞《韶》樂的。

季札是中國歷史上有記載的第一個文藝批評家。就《詩經》說，他乃是第一個予以系統的批評的人。

當季札到魯國的時候，孔子還很小，說不上立刻受到甚麼影響，但是後來孔子長大了，他是很佩服這個先輩的。孔子後來對詩歌的批評，也曾採取過季札批評豳地民歌「愉快而不淫蕩」的見解而加以應用。孔子在晚年曾經系統地整理過《詩經》的樂歌，無疑是在這種重視音樂的氣氛中得到了鼓舞，同時又是在魯國特別保有這些文化遺產的條件下展開了工作的。

魯國雖然是個小國，但文化遺產卻是很豐富的。並且不只在這時吳國季札所見到的是如此，就是過了三年，晉國使臣韓宣子到魯國時，也因為見到魯國所保存的哲學書《易象》和魯國的史書《春秋》而恍然大悟似的說：「周代的政治法律都保存在魯國了，現在我才明白周公的本領以及周朝所以興起的緣故了。」[3]

孔子所生長的魯國的文化空氣就是如此。

註釋

1 見《左傳》襄公二十九年；《史記・吳太伯世家》。

2 魏唐地近，所以這裏一併敍述。《史記》稱「儉而易」，《左傳》作「險而易」。杜預註謂「險當作儉，字之誤也」。可見《史記》是對的，而且這樣也是符合現在所見《魏風》的內容的。

3 見《左傳》昭公二年。原文：「周禮盡在魯矣。」古代禮包括廣義的法，所以譯為政治法律。

三、在挫折中前進

孔子慢慢長大了。

因為窮困生活的磨煉，因為父親原是體格很好的，所以孔子身子也很健壯，這是他日後所以能經受得起各種困難，而精力始終充沛的緣故之一。

孔子是有志氣的。據他的自述，在十五歲已經立下了要好好學習各種知識和本領的志願[1]。

孔子在十七歲上，死了母親[2]。依照當時的習俗，母親是應該和父親合葬的。可是孔子不知道父親葬在哪兒，他於是把母親的棺材暫且停在一條叫「五父之衢」的街上。五父是五個老人的意思，衢就是街，如果是現在的北京街名，大概就叫甚麼「五老胡同」了吧。

這時一位老太太——一個名叫曼父的人的母親——便走來指點給孔子說：「你父親葬的地方我知道哇，那地方叫防。」防是指防山，在現在山東曲阜縣東面，孔子因此才知道了父親的墳地，便把母親也葬在一起。

孔子這時還是一個少不更事的青年，雖然小心謹慎，但人事經驗是不多的。他單純地想到有機會就該出一出頭，同時他也覺得自己已經有一些本領了。有一次，魯國的貴族季氏歡宴名流，這位十七歲的居喪的孔子便穿着孝服跑去了[3]。季氏的家臣陽虎向他喝道：「我們請的是有地位的人，並不招待叫化子。你走吧！」孔子便只好退了下來。

經過這一番挫折，孔子更發憤了。過了三四年，他的道德修養和各種才能，一天比一天進步，雖然年輕，卻已出了名。他在十九歲結了婚，二十歲得了一個兒子[4]。魯國的國君昭公向他道喜，特地送了一條大鯉魚來。孔子為了紀念這樁事，便給孩子取了個名字叫鯉，號伯魚。伯是老大的意思，因為這是孔子的第一個兒子呵。——可是孔子也只有這一個兒子。

由於刻苦學習，孔子逐漸成了博學多能的人。在他住宅的附近有一條街叫達巷，達巷裏的一個老百姓就這樣說過：「孔子這麼淵博，他會的玩意兒我們簡直叫不上名堂來。」孔子聽見了，便謙虛地說：「我會甚麼呀？我會趕車罷了。」[5]原來在這時有六種本領是一個全才的人必須具備的，這就是：禮節、音樂、射箭、趕車、識字、計算。在這六種本領裏頭，趕車是被認為最低下的，所以謙虛的孔子只承認了這一樁。

孔子後來曾經告訴他的門徒說：「我往日沒有得到從政的機會，可是我因此有了學會各種本領的工夫。」[6]

孔子大概在二十六七歲的時候，才做了一兩回小官。他擔任的不是行政官，而是做一些具體的工作。一回是當「乘田」，這是管牛羊的官，孔子說：「叫我管牛羊，我就要把牛羊養得肥肥大大的。」果然他養的牛羊都很肥壯。另一回是當「委吏」，這是一種會計工作，孔子說：「叫我管會計，我就要讓賬上不會出錯兒。」果然他管的賬都是一點岔兒也沒有[7]。他在青年時期工作就是這樣踏實，這樣負責的。

在孔子三十歲這一年——公元前五二二年，執政二十年以上的鄭國大夫子產逝世了。子產是使鄭國秩序得到安定的人，是使鄭國雖處在晉楚二大國之間而外交上常常獲得勝利的人。子產是十分博學的。他也熟悉當時的詩歌。子產並且善於組織人才，使用人才。他決定國家大事的時候，一般是先向熟悉各國情況的公孫揮探詢一番，再同善於出計謀的裨諶到郊外去一起研究，同時徵求一下老百姓的意見，然後又請善於判斷的馮簡子加以決斷，最後才讓長於外交的游吉去辦外交，既然經過這樣審慎的步驟，所以子產執行的政策便很少失敗了[8]。鄭國在公元前五三六年，即孔子十六歲時，把刑書鑄在金屬製的鼎上[9]，這是中國有記錄的、最早的成文法，這是子產在法律上的一個貢獻。子產最初執政的時候，鄭國流傳着這樣一首歌：

提倡節儉，提倡節儉，
人有好衣服也不能穿；
整頓軍事，整頓軍事，
人要種地也沒法子幹；
誰殺子產，
我們心甘情願！

可是過了三年，便流傳了另一首歌：

我們子女，
是子產教育；

我們田地，
是子產開闢；
子產可別死！
死了誰繼續？[10]

子產一死，鄭國人便都哭了。孔子聽見這消息，也哭了。孔子稱讚子產是對人們有着惠愛的人[11]。在思想上，子產也是比較開明的。鄭國有了火災，別人都說要去求神，但是他說：「天的道理是渺茫的，人的道理是切近的，我們是講人不講天的。」[12]鄭國有了水災，又有人以為是龍神作怪，但是他說：「我們無求於龍，龍也無求於我們，不相干的。」[13]這種開明思想在當時原是一般有頭腦的人都抱有的，這是社會發展的結果，子產正是一個代表人物；而孔子的一些健康的見解，正無疑是由於受到這種思想的影響，並在同一社會基礎上產生的。

註釋

1 見《論語．為政》篇，第四章。
2 《史記．孔子世家》：「孔子年十七」，實屬上段「季氏養士」，故知孔子十七喪母。而孟僖子一段是另一時事。
3 《史記．孔子世家》：「孔子要經」，經是喪服所用的麻，可見「要經」就是腰裏束着麻帶。但以前有人認為是「要經」，說孔子腰裏帶着經書，表示好學，這種說法反而顯得牽強可笑了。
4 見《孔子家語．本姓解》。
5 見《論語．子罕》篇，第二章。
6 同上書，第七章。
7 見《孟子．萬章》下，第五章。《先秦諸子系年》謂當在二十七歲前。
8 見《左傳》襄公三十一年。
9 見《左傳》昭公六年。過了二十三年，即公元前五一三年，晉國也鑄了刑鼎。
10 見《左傳》襄公三十年。
11 見《論語．憲問》篇第九章載孔子稱子產為「惠人」，《左傳》昭公二十年載孔子稱子產為「古之遺愛」，意同。
12 見《左傳》昭公十八年。
13 見《左傳》昭公十九年。

四、教育事業的開端

孔子博學的名氣越來越大，有很多人願意把孩子送來給他做門徒。孔子後來曾說：「我到了三十歲的時候，彷彿對任何事都有個主意了。」[1]就在孔子三十歲左右吧，他有了第一批弟子。其中包括孔子後來的著名弟子顏淵的父親顏路、曾參的父親曾點。

孔子另一個著名弟子子路，也是屬於這第一批門徒中的。子路只比孔子小九歲[2]，開始接受孔子的教育時大約二十一二歲。子路那時喜歡把公雞毛插在帽子上，把雄豬的皮裝在寶劍上，為的是表示英武[3]。他欺凌過孔子，但孔子雍容的態度終於折服了他，他於是誠心誠意地做了孔子的學生。子路是一個坦白直爽，忠實可靠的人。他後來跟隨孔子差不多有四十年，他是對孔子事業最熱心的支持的人之一，同時也是和孔子最沒有師生距離的門徒之一。

孔子和他的弟子們多半是屬於「士」這一社會階層的。孔子是第一個把貴族所壟斷的文化教育普及給一般人的人。當時的社會條件也已經容許他這樣做，並且要求他這樣做。孔子曾說：「只要誰拿十條乾肉來作入學禮，我沒有不教他的。」[4]自然，能備得起十條乾肉的，絕不是最窮的人，所以能夠獲得教育的人，還是有一定的限制的。但是比起以往來，這就是個大進步了。

自然，貴族中也有送子弟來求學的，比如魯國大夫孟僖子臨死時就曾囑咐他的兩個兒子說：「孔丘是聖人（指商湯）的後代。他的六世祖孔父嘉在宋國被一個大將叫華督的殺了，他的五世祖才遷到魯國來。孔父嘉的高祖父是弗父何，弗父何的父親就是宋國的國君宋愍公。弗父何是大兒子，本來有資格繼位的，可是他讓給了弟弟宋厲公。到了弗父何的曾孫正考父，曾經輔佐過宋戴公、宋武公、宋宣公三朝。可是他地位越高，卻越謙恭。孔丘的祖先是有美德的。現在孔丘年紀不大，就懂得這麼些事情，並且熟悉禮節，恐怕又要出聖人了吧。我是眼看要死的人了，我死了，你們一定要拜他做老師呵。」[5]他的兩個兒子孟懿子和南宮敬叔後來果然做了孔子的弟子。這時孔子三十四歲了[6]。但是孔子門徒中像這樣的貴族子弟究竟還不是多數。

註釋

1 見《論語．為政》篇，第四章。
2 見《史記．仲尼弟子列傳》。
3 見《史記．仲尼弟子列傳》；《莊子．盜跖》篇。
4 見《論語．述而》篇，第七章。
5 見《左傳》昭公七年；《莊子．列禦寇》篇。
6 孟僖子死在公元前五一八年，即魯昭公二十四年，這年孔子三十四歲。

五、孔子和老子的會見

南宮敬叔做了孔子的弟子以後，曾向魯昭公建議派他和孔子一塊到周的京城洛陽去觀光。魯昭公答應了，便給他們一輛車子，兩匹馬，還派了一個僕人，打發他們到洛陽去。

好學的孔子覺得這是一個好機會，因為歷史悠久的京城洛陽有豐富的文化寶藏，而且大思想家老子也在那裏。老子這時擔任保管文物的工作，職位相當於現在的圖書館館長或歷史博物院院長[1]。

老子聽説孔子來了，便套上車，到郊外去迎接。又叫他的僮僕把路打掃乾淨。孔子也依照當時的禮節，從自己車上下來，把作為見面禮的大雁捧着，送給了老子[2]。

老子比孔子年紀大得多，經驗閱歷也豐富得多，他所接觸的文物史料也遠比孔子這時所已接觸到的廣博得多。因此，這一次會見，對孔子是極其有益的。這時孔子還在壯年，在求知和修養方面，積極和熱情有餘，但是還不免有些急躁、粗枝大葉，彷彿還需要更闊大的胸襟，需要在精神內容上更加豐富一些，還需要從更高的眼界對自己所已經獲得的學識技能加一番審量。而在這些方面，老子恰是有資格對孔子有所助益的。從老子方面來說，他似乎缺乏孔子那樣的積極和熱情，好像缺少甚麼朝氣似的，但是和孔子的精神湊合起來，卻就可以構成一種寶貴的東西了。老子和孔子都是中國文化史上極其傑出的人物，他們的會見是燦爛的古代文化史上饒有意義的一頁。

孔子向老子請教了很多東西。甚至就是孔子所熟悉的禮數方面，也證明老子比他懂得多。例如出喪的時候逢見日食怎麼辦，小孩子死了該葬到近處還是遠處，國家有喪事的時候不避戰爭對不對，戰爭的時候應該把已死的國王的牌位帶着還是不帶，等等，老子都根據事實和情理給孔子作了明確的解答[3]。老子也深深器重像孔子這樣一個虛心求知的人。

孔子在洛陽住了幾天，要離開了。老子依依不捨地給他送行，並且根據自己的處世態度，告訴他道：「我聽說，有錢的人給人送行的時候是送錢，有道德有學問的人給人送行的時候是贈幾句話。我沒有錢，姑且冒充一下有道德有學問的人，送你幾句話吧。第一，你所鑽研的，多半是古人的東西。可是古人已經死了，連骨頭也爛了，不過剩下那麼幾句話。你不能把那些話看得太死。第二，有道德有學問的人，生的是時候呢，固然應該出門坐坐車，闊綽一下；如果生的不是時候，只要過得去，也就算了。第三，我聽說有句老話，會做買賣的都不把東西擺在外面，有極高的道德的人都是很樸實的。你應該去掉驕傲，去掉很多的貪戀，去掉一些架子，去掉一些妄想，這對你都是沒有好處的。一切事不要太任自己的性，這樣在家庭也不合適，在朝廷也不合適。我要告訴你的，就是這些話了。」[4]

孔子深深地玩味了老子的叮囑，懷着感激的心情離開了洛陽。孔子回到魯國，見到自己的弟子，還不住地讚美老子說：「鳥，我知道它會飛，可是會飛的還常被人射下來。魚，我知道它會游水，可是會游水的還常被人釣起來。獸，我知道它會走，可是會走的還常落了網。只有一種東西，我們不能控制它，它愛雲裏來就雲裏來，它愛風裏去就風裏去，它愛上天就上天，這就是傳說中的龍。我沒法捉摸老子這個人，老子就像龍一樣吧。」[5]

註釋

1《史記·老子韓非列傳》作「周守藏室之史」，司馬貞《索隱》以為即「周藏書室之史」。

2 參考漢武梁祠畫像，並依照宋洪適《隸續》對此圖的解釋。

3 見《禮記·曾子問》篇，第十六章、第三十三章、第三十五章。

4《史記·孔子世家》中老子語和《老子韓非列傳》中老子語詳略不同，現在綜合譯述。

5 見《莊子·天運》篇；《史記·老子韓非列傳》。

六、走向成熟的道路

孔子自從見過老子以後，他自己過去一些偏於主觀的做法是有意識地減少了一些了，他遇事也更能冷靜地分析了，加上他原有的勤勉和熱情，就使得他更為人們所欽敬了。於是他的弟子多起來，而且還有遠地來的。

他曾從容地和門徒們說：「學會的東西，時常去溫習，不是很有樂趣麼？很多志同道合的朋友老遠地來講究學問，不是叫人很高興麼？自己有本領，可是沒有甚麼人知道，但也沒有甚麼不愉快，這不是有涵養的人麼？」[1]這就是他這一時期的心情。這就是他從孤苦伶仃的童年起，經過挫折，經過自我教育，學習了一些本領，經過實際生活的一些鍛煉，又接觸了有閱歷的先輩老子，自己已經從事着教育事業，同時對於從政又有一些希冀時的孔子的心情。孔子這時還不到三十五歲。

雖然他說人家不知道自己有本領也能沉住氣，但想施展自己的本領——特別是政治方面的所謂抱負，作為「士」這個階層的代表人物的孔子，卻還是躍躍欲試的。他曾說：「不愁沒有地位，愁的是自己沒有成套的東西；不愁人家不知道，只要自己有了成套的東西，自然會有人知道呵。」[2]也就是這種心理的表現。這種心理使他在一生中浪費了很多有用的光陰和精力，使他和人民之間逐漸有了距離，也給他帶來了不少苦惱。直到經過很長的一段時間，孔子這種心理才多少有些扭轉。

註釋

1 見《論語·學而》篇，第一章。《集解》引包咸註：「同門曰朋」；宋翔鳳《樸學齋札記》：「朋即指弟子。」所以把這段話放在孔子弟子增多了的時候敘述。

2 見《論語·里仁》篇，第十四章。

七、孔子在齊國政治活動的失敗

公元前五一七年，孔子到了齊國，這是他生平第一次有記錄的政治活動。齊國原是東方大國，疆土在現在的山東中部和東部一帶，土地肥沃，農業發達，並富有魚鹽之利，在齊桓公時代（公元前六八五—前六四三年），又經過傑出的政治家管仲整頓國政，成了春秋時期的一等大國。這時是齊景公統治的時代，也是大政治家晏嬰活躍的時代，國家安定而強盛。孔子希望在齊國作一番事業，是有現實根據的。然而事情不是那麼順利。

孔子何以不留在魯國而跑到齊國去呢？這固然由於齊國的局面好像大有可為，同時也由於魯國發生了政變。

原來魯國有三家有勢力的貴族，一是孟孫氏，就是孟懿子南宮敬叔他們那一家；二是叔孫氏；三是季孫氏，就是孔子年輕時穿了孝服趕去吃飯的那一家。這三家貴族原是魯桓公的子孫，所以又稱為「三桓」。三家之中，季孫氏勢力最大，這時季孫氏的季平子專政，魯君昭公很討厭他。恰巧季平子和另一貴族郈昭伯因鬥雞發生糾紛，原來季家的雞翅膀上加了芥末，為的是迷對方的雞的眼睛，但郈家的雞爪子上卻帶了鋒利的金屬，季平子見郈昭伯不肯退讓，便強佔了郈家的封地，郈昭伯於是向魯昭公訴冤，魯昭公以此為藉口，討伐了季平子。季平子聯合孟孫氏、叔孫氏，進行反擊，魯昭公失敗了，魯昭公逃到齊國。齊國把他安置在鄆城（在山東鄆城縣東），鄆城是齊國從魯國奪去的地方[1]。——魯昭公便在齊國住了下去。魯國陷在混亂中。

對於三桓的擅權，孔子本來是不滿意的，現在魯昭公也被三桓驅逐出國，他實在看不下去，便也離開魯國，到齊國去試一下。

據說齊景公在五年前（公元前五二二年）到魯國的時候就見過孔子。那時齊景公曾問孔子：「從前秦穆公國又不大，地方又偏僻，可是為甚麼能稱霸一方呢？」孔子當時回答說：「秦國國家雖然小，可是他們的人志氣大；地方雖然偏僻，可是他們的人行起事兒來正當。秦穆公又會用人，曾看中了餵牛的百里奚，和他談了三天話，便能信任他，叫他執政。像秦穆公這樣做法，統治全中國也是夠格的；稱霸一方，還只能算是小成就呢。」齊景公聽了很滿意[2]。因此孔子心裏有了底兒，以為到齊國可以做百里奚第二。

依照當時從事政治活動的方式，要去投効一個國君，得找一點門路。哪怕孔子已經見過齊景公，齊景公對孔子的印象也很好，但如果不打通齊景公的親信，也還是難於掌握到實權的。雖然有百里奚那樣的傳說，但這究竟只是一般「士」所樂道的美談罷了，當時社會的現實不是那樣的。因此，孔子先當了齊景公的親信高昭子的家臣。

高昭子果然替孔子在齊景公跟前說了些好話。於是齊景公向孔子請教政治的大道理。孔子說：「君王要像君王，臣子要像臣子，父親要像父親，兒子要像兒子。」意思是要維持社會上的統治秩序，各人要按其名份辦事，用孔子自己的話講，這就叫「正名」。他後來在長期間內也還是這樣主張的。這說法無疑是對統治者有利的，尤其在階級矛盾漸趨劇烈的時候，就更合統治者的口味了。所以齊景公聽了，便高興地說對呀，「如果君王不像君王，臣子不像臣子，父親不像父親，兒子不像兒子，那麼，我就是有的是米，還能吃得成飯麼？」[3]

過了幾天，齊景公又問孔子政治上最迫切的問題是甚麼。孔子看準了齊國當時最大的毛病是奢侈浪費，於是說：「問題在於節約。」[4]當然，孔子的節約主張是不徹底的，因為孔子終究講排場。但齊景公聽了還是表示滿意，這大概因為齊國當時實在奢侈得不像話了吧。這時，齊景公想把尼谿地方的田地封給孔子。

可是齊國的執政大臣、老政治家晏嬰，是不贊成孔子所講究的那一套禮數的，他便向齊景公說：「這班新興起來的『儒』（也就是士），他們只會說漂亮話，不能受約束；他們很驕傲，很自以為是，不肯俯就別人。治喪主張鋪張，埋葬不惜傾家盪產，這種風氣也要不得。他們靠着游說、當食客過日子，國家能依賴這些遊民麼？自從周朝衰落以來，不見出過甚麼賢人，過去的禮節樂章也好久沒有人弄得明白了。現在孔子就專講究這一套。怎麼見人，怎麼走路，穿戴甚麼，甚而擺甚麼面孔，繁瑣得要命。多少年也學不完，一輩子也搞不清。您如果讓他在齊國實行起來，恐怕解決不了甚麼最急切的問題的。」[5]

因為這話說中了孔子的主要毛病，齊景公動搖了。以後齊景公再見孔子的時候，便不再向他請教大道理，不過表面上還很客氣罷了。

過了一些時候，齊景公才對孔子說：「如果像魯國對待季氏那樣，拿有權的上卿地位給你，我做不到；如果像魯國對待孟氏那樣，拿無權的下卿地位給你，我也不肯。那麼，我待你在季氏、孟氏之間吧。」[6]

這話自然是冷淡孔子的。而且齊國的貴族也怕孔子真正在齊國當權，便都想陷害他，孔子是有些風聞了。

齊景公終於向孔子點破：「我老了，精力不濟，不能任用你來圖謀改革了。」孔子聽了，便只好收拾行李，乾脆離開了齊國。

註釋

1 見《左傳》昭公二十五年。

2 《史記．孔子世家》有孔子年三十與齊景公對話事，《史記．齊太公世家》有齊景公於此年入魯問禮事，但《左傳》沒有記載。我認為司馬遷既然兩次記齊景公此年入魯，應當有所根據。

3 見《論語．顏淵》篇，第十一章。

4 見《韓非子．難三》篇。

5 見《墨子．非儒》篇；《晏子春秋》外篇第八。晏嬰雖然和墨翟出身不同，但他節用的主張，卻是墨翟贊成的，所以就思想淵源上說，晏嬰思想可認為是墨家部份思想的先驅。後來儒、墨兩派的對立，可以在晏嬰和孔子的主張不同上反映出他們最早的分歧來。

6 見《論語．微子》篇，第三章。

八、孔子在齊國的收穫和影響

孔子在齊國的政治活動失敗了。孔子只看到在齊國很可以作一番事業的一面，但沒考慮到另一面：齊國的執政者晏嬰在政治主張上恰是和自己敵對的。孔子的主張也和齊國貴族有矛盾，而他所看重的那一套繁瑣禮節也是不現實的，所以失敗是當然的。

但是孔子這時在藝術修養上卻進了一步。這就是他在齊國宮廷裏聽到了虞舜的古樂，所謂「韶」的。他不但聽了，而且用心學習了一番。他學得這樣專心，有三個月連肉的滋味也不知道了。孔子自己在這時也說：「我沒想到我當時是這樣地被吸引到音樂裏去了。」[1]

孔子在齊國耽擱了一個時期，他的好學給了齊國老百姓很好的印象；齊國的統治者雖然不能用他，卻認識到如果孔子回到魯國並且在魯國執政，就會增加魯國的力量，有點不大放心。

虛心的孔子在接觸了晏嬰之後，對晏嬰卻很敬重，他佩服晏嬰一件狐皮袍子穿三十年的儉樸作風[2]，他也發現晏嬰善於交友，對老朋友能夠始終保持着禮貌[3]。

孔子在齊國大概住了三年的光景。他出國時三十五歲，回國時三十七歲了。魯國依然很混亂。逃到齊國的魯昭公曾經想借齊國和宋國的力量回國復位，但季氏卻依靠晉國的勢力，始終拒絕接納魯昭公。孔子仍舊沒有從政的機會。

在這一年，吳國發生了政變，這就是有名的「魚藏劍」的故事。原來吳王壽夢有四個兒子，第四個兒子最賢，他就是前面說過的那個季札。壽夢想傳位給他，可是他不肯接受，於是傳給了大兒子。老大還想讓給老四，季札還是不肯。後來老大死時便傳給老二，想這樣兄弟相傳，終會傳到老四。可是老二、老三先後去世，季札又躲開了。於是老三的兒子繼了位，這就是吳王僚。季札是這樣的謙讓，可是老大的兒子光不服氣。便派刺客專諸扮作廚子，在一次宴會中，專諸把短劍藏在燒好的魚裏，在上菜的時候把吳王僚刺殺了。光就奪取了王位，這就是吳王闔廬。

這時，季札趕了回來，但他不是回來爭王位的，而是為了弔祭已死的吳王僚——他的侄兒。然後，他便住到自己的封地延陵（現在江蘇武進縣）去，以後再也不出來了。

有關季札的故事是很多的。還有一個故事說明他對人很講信義。當他出使各國的時候，經過徐國（在現在安徽泗縣北），徐國國君很喜歡季札佩帶的寶劍，但是不好意思開口。季札卻看出來了，只是因為一個使臣是不能不佩劍的，當時便也沒有甚麼表示，可是已經拿定主意當出使完畢時便把劍送給他。後來季札回來又經過徐國，徐國國君卻亡故了。季札便把寶劍解下，掛在徐國國君墳旁的樹上。別人說：「人已經死了，你這寶劍還送給誰呢？」季札答道：「話不是這樣說，我心裏曾許過他呵；難道因為他死了就變了心麼？」後來當地便流行這麼個歌：

延陵季子呵，
他真念舊；
寶劍值千金呵，
他掛在墳丘。4

孔子對這樣一個人物是十分敬重的，後來季札死了，孔子還給他題了墓碑。這塊碑上的字，據說是唯一的被保存下來的孔子的書法。

在孔子三十九歲這一年，晉國鑄了鐵的刑鼎。這是鄭國鑄刑書以後第二十三年的事。這說明當時鑄鐵技術已經相當進步，也說明生產力有了進一步的提高，為當時階級剝削提供了更高的物質基礎。因此，當時各國的階級矛盾，也就進一步地加深。在社會變動中的「士」的地位，這時越來越重要了。

這時孔子在學問上又有了進境。他說：「我到了四十歲，就心裏更亮堂，甚麼話也迷惑不住我了。」[5]

孔子在等待着再度從事政治活動的機會。

註釋

1 見《論語·述而》篇，第十四章。

2 見《禮記·檀弓》下，第二十三節。原為有若與曾子討論時談及，曾子是贊成晏嬰這種行為的，可能即從孔子那裏聽來。

3 見《論語·公治長》篇，第十七章。

4 見《新序·節士》篇。

5 見《論語·為政》篇，第四章。

九、孔子在混亂的魯國中的寂寞

流亡在齊國的魯昭公，在齊國受盡了氣，終於於公元前五一零年死在國外。這一年孔子四十二歲了。魯昭公的弟弟被立為魯君，這就是魯定公。過了五年，把持魯國國政的季平子死了，他的繼承人是季桓子。季氏依然大權在握。

正如季桓子常要威脅魯定公一樣，季桓子的一些得勢家臣也威脅着季桓子。同時這些家臣也彼此摩擦，都想吃獨份兒。消滅同列的競爭者，奪取更多的權益，這幾乎是那時從各國的諸侯一直到卿大夫及其家臣的共同做法。

季桓子這時有勢力的家臣是：仲梁懷、陽虎和公山不狃。先是仲梁懷和陽虎發生衝突，陽虎想驅逐仲梁懷，公山不狃出來做了和事老。但因此仲梁懷的氣燄大了起來，陽虎就把他囚禁了。季桓子出來干涉，陽虎把季桓子也囚禁了，直到季桓子認了輸才被放出來[1]。

這樣陽虎就脅制住季桓子，而季桓子則脅制着魯定公。孔子對這情形很看不慣，所以就不願意出來做事。

季桓子底下的三個有勢力人物，仲梁懷既被陽虎壓服，就只剩下陽虎和公山不狃。公山不狃聯合陽虎，想把三桓的繼承人更換，換上接近陽虎的人，這樣就可以更方便地操縱三桓了。陽虎又把季桓子逮捕起來，並要殺掉他，但季桓子想辦法逃掉了。陽虎卻終於在軍事上失敗，逃往齊國[2]。

季桓子底下只剩下公山不狃一個有勢力的家臣了。公山不狃就在公元前五零一年佔據了魯國的費城（山東費縣），想以此為根據地來反抗季桓子。

公山不狃打發人來請孔子，因為他曉得孔子是討厭季家的專橫的；同時孔子是既有聲望又有本領的人，請到孔子也可以壯一壯聲勢。孔子呢，寂寞了好久，一直沒得到施展抱負的機會，他又是熟悉歷史的，想到從前周文王、周武王就曾以西北一塊小地方豐（在現在陝西鄠縣東）鎬（在現在陝西長安縣西南）作根據地統一了北中國，他是不是也可以將費城作根據地大搞一下呢？他心裏有些活動了。

可是孔子的弟子們有的就奇怪他這太熱心的態度了。他的最年長的弟子子路便首先表示不高興。他覺得老師天天講「君王要像君王，臣子要像臣子」，正因為不贊成季氏的專橫才不出來做事，現在公山不狃還不是要犯上作亂麼？為甚麼反而要去幫他的忙呢？

孔子解釋道：「他們請我，難道是叫我白跑一趟麼？我也不是隨便就去的呵。真的有人用我，我是想建設一個新的東周王朝呵！」[3]

子路等才沒有話說。

可是孔子心裏也是矛盾的，他到底衝不破他那維持現狀的保守思想，下不了決心，所以也終於沒有去。孔子這時便解嘲似地說：「我五十歲了，事情成不成是命呵。」命是一種迷信說法，孔子到無可奈何的時候，就常提起命。

註釋

1 見《左傳》定公五年。

2 見《左傳》定公八年、九年。

3 見《論語．陽貨》篇，第四章。

十、孔子繼續從事教育事業

孔子定下心來，還是把全副精神放在教育事業上。

孔子經常和弟子談的道理是「仁」。仁主要就是要愛別人的意思，這反映了當時「庶人」抬頭的社會現實。他在教育上的開放也是基於這種符合歷史要求的思想而來的；雖然由於階級的限制，他又主張維持等級制度的「禮」，不免對於「仁」的思想有所削弱，然而這終究是他思想中最光輝、最進步的一面。

除了講「仁」之外，孔子又經常教導弟子學習歷史，學習文藝，關心政治，以及在日常生活中養成良好的習慣等。他的高興、苦悶、憤怒，在弟子中間沒有甚麼隱藏。他的歌聲、笑聲，沒有甚麼間斷。直率而又含蓄，熱情而又嚴肅，活潑而不失分寸，這就是孔子生活在弟子中間的形象。

孔子和人們談話的時候，總是尊重別人的意見的，就是對弟子也是如此。這樣就造成了一種氣氛，如果是孔子先詢問弟子的時候，弟子們也往往再徵求孔子的意見，他們是彼此這樣互相尊重着的。有一次，孔子向弟子們説：「各人説説各人的志願好麼？」子路說：「我願意自己有好車、好馬、好皮襖，和朋友們一塊兒享用，就是他們用壞了，我也不抱怨。」顏淵說：「我願意自己有長處也不自滿，自己有功勞也不誇耀。」這時子路便轉而問孔子了：「聽聽您老人家的志願吶。」孔子說：「我的志願是：老的過安穩日子，朋友相信我，年輕的對我挺懷念。」[1]孔子的志願是那樣平凡，但是那樣近人情，那樣溫暖，這就是孔子！

孔子很善於在教育上啓發人，也善於尊重人們的個性，孔子在弟子中間往往因為各人愛好不同、了解事物的程度不同而說話很有分寸。

有一天，孔子的門人子路、曾晳、冉有、公西華跟孔子坐在一起[2]。他們的座次是按年齡排的：子路最大，這時有四十二歲了，坐在最前；曾晳二十四五歲，次之；冉有二十一二歲，又次之；公西華十八九歲，最後。孔子是五十一歲。孔子首先說道：「不要因為我比你們大幾歲，就受了拘束。別管年紀兒，有話儘管談談。你們平日常說，沒有人賞識。現在我倒要問問，如果有人賞識，你們打算怎麼樣呢？」

子路不假思索就搶着說：「有千輛兵車的這麼一個國家，受到周圍大國的威脅，並且經過了兵災，人民在鬧饑荒。但是如果讓我仲由去搞一通的話，只要三年，嗯，只要三年，我可以練出勁旅，並且讓國內教育也很發達哩！」

孔子聽了，不覺大笑[3]。

這時沒有人說話了。按次序，孔子本來要問到曾晳，但曾晳還在彈琴[4]，就問到了冉有。孔子叫着冉有名字：「求呵，你怎麼樣呢？」

冉有見子路被老師嗤笑了，就把志願說小了些：「我只要六七十里見方的地方，五六十里也可以。讓我冉求去搞的話，三年之內，我讓大家都吃上飽飯。至於文化教育，等待更有本事的人來。」

孔子這回沒說甚麼。就又問公西華，叫着他的名字：「赤呵，該你了。」

公西華不得不更謙虛了，說：「我不能保證我能夠做到，不過願意學習學習。諸侯們在宗廟裏會見的時候，我穿上端端正正的禮服，當一個小司儀就是了。」公西華本來是擅長招待賓客的，他自己覺得這是本份話，可是孔子也沒有甚麼表示。

最後，孔子又問到曾晳，叫着他的名字：「點呢？」曾晳的琴聲慢慢地緩下來了，咚的一聲，終於停了。他便起身答道：「我比不上他們三人的好主意呢。」

孔子說：「那有甚麼關係，各人說各人的志願罷了。」

於是曾晳說：「春天三月裏，穿上輕便的衣服，和五六個同伴，六七個小朋友，到沂水去洗個澡[5]。在求雨台上再吹一下風[6]，唱着歌回來。我不希望甚麼別的了。」

孔子聽了，大為讚嘆，說：「是呵，我也正是這個主意哇！」

孔子所以說這個話，是因為：一來自從決定不參加公山不狃的起事以後，他心裏反而特別平靜起來；二來孔子雖然熱心政治活動，但素來也有不留戀富貴的一面——所謂清高；三來孔子也不願意輕易表露出他的政治抱負，同時也是有意教育弟子們對待政治應該謙虛謹慎。

這時子路、冉有、公西華已經依次退出，只留下曾晳了。曾晳見孔子讚許他，便覺得特別和老師談得來，於是問孔子道：「他們三個人的話怎麼樣？」在曾晳這樣問的時候，孔子只淡淡地回答道：「不過各人談各人的志願罷了。」

曾晳卻不放鬆，就追問道：「那麼，老師為甚麼大笑仲由呢？」孔子說：「談政治就得講禮節，禮節之中最要緊的是謙虛。他卻說得一點也不謙虛了，所以我不能不笑他。」

曾晳又問：「冉求不謙虛麼？他談的不是國家大政吧？」孔子說：「哪裏會有談治理六七十里見方或者五六十里見方的地方的，不算誇誇其談地談政治呢？」

曾晳最後問：「公西赤總算謙虛了，談的不是治國平天下了吧？」孔子說：「能在宗廟裏會見的時候當司儀，不是諸侯是甚麼？他說是小司儀，好個小司儀，還有更大的司儀麼？」

曾皙這才明白了孔子笑子路和對冉有、公西華的話沒有表示甚麼的緣故，也明白了他對自己讚許的緣故。

孔子問弟子想做甚麼，這說明了孔子善於啓發；從孔子答覆曾皙的話裏，可以看出孔子說話的分寸。總的看來，孔子和弟子的這場問答又說明了孔子怎樣教育弟子們謙虛，而他們對政治仍是很熱心的。這就是孔子和他的門徒們在一起生活、交談時所常有的氣氛。

孔子終於有了從政的機會了，就在這一年，他在魯國得到了有職有權的地位。

註釋

1 見《論語．公冶長》篇，第二十六章。古代語言簡單，又要求整齊，所以這裏原文三個「之」字的意義不能同樣解釋。

2 以下均見《論語・先進》篇，第二十四章。

3 原文「夫子哂之」，劉寶楠《論語正義》謂「哂」非微笑。

4 「琴」本作「瑟」，劉寶楠據段玉裁說，古本「瑟」皆作「琴」字。

5 原文「浴乎沂」，古人有指為祓濯於沂水的，覺求之過深，不取。

6 原文「風乎舞雩，詠而歸」，古人也有指為雩祭的，王充已有此說；但終不如「風乾身」平凡而近情，故捨彼取此。

十一、從中都宰到司寇

孔子真正從政的機會到了，公元前五零一年，也就是魯定公九年，孔子五十一歲，在魯國當了中都宰[1]。

當時魯國比較安定了些。季桓子的內部也由於仲梁懷被壓服、陽虎出走、公山不狃在費城並沒搞出甚麼名堂來而單純些了。魯定公和季桓子見孔子曾想到公山不狃那裏而終於沒有去，於是理解到孔子想做一番事業，但又終於還是擁護魯國的當權派的，這也就增加了對孔子的信賴。這就是孔子能夠出來從政的原因。孔子當中都宰是在陽虎失敗出走和公山不狃在費城舉事之後，這就不是偶然的了。

中都宰大概相當於現在的首都市長。孔子做了一年中都宰就很有成績，當時西方各國都想學孔子的治理方法[2]。

於是孔子由中都宰升為司空，司空彷彿是後來管建設工程的首長；又由司空而為司寇[3]，司寇是管司法方面的首長。孔子現在是真正參與政治了。

孔子現在在魯國做了官兒，但他在一般老鄉長跟前，卻仍保持着謙遜淳樸，像不善於說話似的。當他在朝廷議事的時候，是很會辯論的樣子，但是又很慎重；和上級談話，他持的是公正不阿的態度；和同僚談話，卻又和悅近人了[4]。

註釋

1 孔子仕魯之年，據清人江永考證，在定公九年。

2《史記．孔子世家》作「四方皆則之」，《孔子家語．相魯》篇作「西方之諸侯則焉」，茲從家語。

3《史記．孔子世家》作「大司寇」，但先秦一般書均稱孔子為司寇，非大司寇。

4 見《論語．鄉黨》篇，第一章。

十二、孔子在外交上的勝利

在孔子當了司寇的第二年——公元前五零零年，齊國發覺孔子在魯國已經漸漸握有實權了，十幾年前的憂慮已變為事實。這年夏天，齊景公根據大夫黎鉏的建議，派人到魯國來，說要和魯定公舉行一次夾谷之會。夾谷在現在山東萊蕪這地方，在泰山以東。他們打算在這一次外交會議上使魯國屈服。

魯定公同意赴會。到了約期，便準備車輛出發。因為司寇兼辦外交事務，所以孔子被派為會議上魯君的助理[1]。孔子便向魯定公建議說：「我聽說外交場合，必須有軍事準備；戰爭場合，也必須有外交配合。文武是交互為用的。這次我請求帶了指揮軍事的左右司馬去。」

魯定公說「好」，就把左、右司馬帶了去。當然，同時就有兵車也跟了去。

魯定公和齊景公都到了夾谷。齊景公的助理是晏嬰。兩國國君在預先築好的、有三級台階的土台子上會見。會見的時候，依照當時的禮節，彼此見過了面，也獻過了酒。齊國管事的忽然說：「請表演地方歌舞。」

於是齊國的歌舞隊一齊上來，他們有拿旗的，有拿盾的，這倒還是表演歌舞用的，然而使槍弄棒的也夾雜着上來了，亂嚷嚷一片。孔子一看，知道齊國有陰謀，就趕快上去了。本來登那台階時，是應當登一級就把兩腳併攏一下，以維持嚴肅的氣氛的，然而孔子因為情勢緊張，就顧不得了，一腳邁到第三級，另一腳還在第二級，便揚起袖子喝道：「我們兩國國君正在莊嚴的會見，野蠻的歌舞為甚麼出現在這裏？請問齊國管事的，該怎麼辦？」

齊國管事的只好示意歌舞隊下去，但是歌舞隊還在觀望，他們要看齊景公和晏嬰的眼色。這時齊景公覺得很不好意思，便擺了擺手，齊國歌舞隊才退了下去。

過了一會兒，齊國管事的又進前説道：「請演奏宮廷的音樂。」齊景公説「好」，一些七長八短的要把戲的就又唱又舞地上來了。孔子又趕快上去，一腳邁到台階第三級，一腳還在第二級，大聲喝道：「戲弄諸侯的，依法應該斬首！執法官應該執行呵！」執法官無言可對，只好把準備搗亂的那批打手斬首。

由於孔子所持態度的嚴正，由於孔子事先準備下了武力，齊景公看到魯定公不是可以輕易劫持的，便匆匆結束了會議。

齊景公回去，埋怨他的大臣們説：「魯國君臣是按着道理辦事的，可是你們卻叫我採用野蠻的辦法，要小手腕兒。現在把魯國國君得罪了，怎麼辦？」

齊國的大臣們說：「大丈夫做錯了事，可以拿實際行動來表示改過；小人做錯了事，只會在口頭上做出許多掩飾。您若是後悔，我們就在實際行動上表示我們的錯兒就是了。」

於是齊景公退還了以前所侵佔的魯國城池鄆、讙和龜陰（這三個城池都在山東汶水南面）[2]。

孔子在外交上勝利了。孔子這一年五十二歲。

註釋

1 《周禮．秋官司寇》下有大行人、小行人，就是接待外賓的。《周禮》雖然不一定是先秦的書，但周代官制的系統基本上是保存在這裏的。孔子當司寇，又在夾谷之會時為「相」，是很合理的。

2 關於夾谷之會，《史記》、《左傳》、《谷梁傳》都有記載，這裏主要地是根據《史記．孔子世家》。

十三、孔子和魯國貴族的鬥爭

魯國在夾谷之會的外交勝利，提高了國家的地位，也提高了孔子的聲望。孔子慢慢要實行他那一套要求統一的主張了，就魯國說，就是首先要削弱貴族的勢力。公元前四九八年的夏天[1]，孔子向魯定公說：「照道理，大臣不該私有軍隊，大夫不能有五里地大小的城。」[2]魯定公很贊成，因為這是對自己有利的。季氏也贊成，因為他自己的城堡被公山不狃所佔據，他可以拿這個藉口來消滅公山不狃。孔子於是派了子路到季氏家去當主管，為的是有步驟地把三家貴族盤踞的城堡拆除。

首先服從的是叔孫氏，由於他本身的力量不強，他立刻把盤踞的郈城（在現在山東東平縣境內）拆除了。

季氏自己的城堡在費，還被公山不狃佔據着。季氏表示情願拆除，但公山不狃起兵反抗，他的軍隊打到魯的都城曲阜。魯定公躲避在季氏的大宅子裏，公山不狃沒有能攻進去，但箭已經射到魯定公的跟前了。孔子命令申句須、樂頎二將率兵反攻出去，公山不狃打敗了，一直敗退到姑蔑（在山東泗水縣）。結果，公山不狃逃往齊國，費城拆除了。

三家貴族已有兩家把城堡拆除，只剩下孟氏。孟氏的城堡在成（在現在山東泗水縣境內）。守成的公斂處父向孟孫說：「這地方靠近齊，如果拆除城堡，齊國兵就會從北門進來。而且這地方是孟家的保障，毀了這地方就是毀了孟家。我不願意拆除。」於是拆城的事遭受了阻力，一直到這年冬天還沒有拆得成。魯定公派兵把成包圍了，但也沒有攻得下。

可是三家貴族至少有兩家在表面上是被削弱了，孔子在內政上又暫時取得了勝利。這一年孔子五十四歲。

於是孔子有些得意起來。他的門徒便問道：「不是說有涵養的人逢見壞事也不愁眉苦臉，逢見好事也不揚揚得意麼？」孔子說：「這話是有的。但是不是還有一句話，說人有了地位，能做些事業，又能虛心請教別人，也是叫人高興的麼？」[3]

魯國在外交上取得了勝利，又削弱了貴族勢力，因而國內的秩序暫時安定下來。這時賣豬羊的不漫天要價了，街道上井然有條了，丟了東西也沒有人撿了。各方客人來到，因為事事有頭緒，也不必麻煩官府，舒適得像到了家一樣[4]。

在這個時期，孔子雖然擔任司寇的官，可是他是反對刑法的。孔子曾經說過：「對人民如果光靠發佈命令，又用刑法來強制執行，那是會使人民養成僥倖的習慣而不顧廉恥的；如果在政治上加以誘導，並用禮義來約束，人民卻會既有廉恥，又肯往好處走的。」[5]所以孔子固然也公平地處理訴訟事件，但他往往想得更根本，他說：「審理案件，我和別人沒有兩樣呵；可是最好的辦法是，要做到連打官司的也沒有呵。」[6]這就是孔子在政治上獲得成績的一個緣故。

這樣的政治成績，自然就使鄰國，特別是齊國增加了恐懼。

註釋

1 墮三都事在定公十二年，《史記．孔子世家》誤為十三年。這裏在年代上是根據《春秋》三傳。

2 孔子這一段話，《史記．孔子世家》作為向魯定公說的，《公羊傳》卻認為是向季氏說的。就情理上講，《史記》較合理，這裏採用《史記》的說法。

3 這段話只見《史記．孔子世家》，但是很合情理，所以採入。

4 見《孔子家語・相魯》篇；《荀子・儒效》篇；《史記・孔子世家》。
5 見《論語・為政》篇，第三章。
6 見《論語・顏淵》篇，第十三章。

十四、孔子終於出走

齊國這時的國君還是齊景公，晏嬰在夾谷之會後不久就逝世了。晏嬰是個出色的政治家。他不肯阿諛，又能針對當時的需要提出適宜的政策。他也善於選拔人才，他曾把一個叫越石父的奴隸贖出來，他曾薦舉一個趕車的僕人為大夫[1]。他同時有素樸的民主思想，他認為不同的意見是有好處的，他說這像調味一樣，正因為味道不同，才可互相調劑，味調好了，才好吃；如果都是同樣主張，隨聲附和，那就是白開水加白開水了，還有甚麼味道[2]！晏嬰把由不同意見而取得一致的稱為「和」，把不允許有不同意見而得到勉強一致的稱為「同」，後來孔子主張「和而不同」，顯然是受了晏嬰的啓發。晏嬰死後，齊國的人才比較單薄了。

這時齊國的執政者便商議道：「孔子掌握了政權，一定要稱霸天下的。魯國距我們最近，將來準先兼併我們，何如早割些地方給魯國？」

那個在夾谷之會時出過壞主意的黎鉏卻又出來說話了：「我們應該先離間孔子在魯國的關係，如果離間不成，再割送地方也不遲呵！」

他們這時的陰謀是設法引起孔子和魯定公、季桓子間的不和。他們知道孔子是一本正經的，魯定公和季桓子是愛玩兒樂的，於是利用了這一個矛盾，送了八十名美女去，還帶了一百二十匹好馬。這些美女打扮得十分妖艷，又會唱靡靡之音，那些馬也披掛得耀眼爭光，說是專誠送給魯國國君的呢。

這些美女和駿馬已經到了曲阜南門外了，暫時停留在那裏，鬧得十分轟動。但還沒敢進城，怕的是孔子反對。魯定公雖然聽說，也沒敢公然去，便打發季桓子先去偷看一下。季桓子怕別人認出來去報告孔子，便穿上便衣，偷偷去看了三回，越看就越捨不得。於是季桓子和魯定公商量，裝作到各處去巡視，但一巡就整天釘在南門外，沉醉在那些歌舞裏了。他們對於政事也不大過問了。

當然，最後孔子也曉得了。子路見他們既如此荒唐，對孔子又這樣不尊重，便不耐煩起來，對孔子說：「老師可以走了吧？」孔子說：「還要待一待。魯國就要在郊外祭天了，如果能把祭肉分送過來，那就是還尊重我們，我就還可以留一留的。」

但是季桓子終於接受了齊國的美女駿馬，不問政事已經有三四天了[3]。祭天也祭過了，可是並沒有送祭肉來[4]。

孔子把情況判明了，知道魯定公原是沒主意的；季桓子又不過是利用自己，替他消除像公山不狃那樣的異己勢力罷了。事實上季桓子也怕孔子長久搞下去會把他的勢力削弱，所以冷淡孔子是勢所必至的。孔子無法和他們合作下去也是一定的。況且另一個貴族孟氏還在為拆城的問題抗拒着呢，再加上齊國的離間，孔子的處境便顯得非常尷尬了。

於是孔子辭了職，率領着弟子離開魯國。因為魯國究竟是孔子的家鄉，走的時候心情十分沉重。他們走得很慢，不能像離開齊國時那麼乾脆了[5]。

孔子走到屯這個地方的時候——這裏已是魯國的南境了，季桓子所派的一個管音樂的官名叫師己的趕了來，名為送行，實際上是來探孔子的口氣的。

「老師，您老人家並沒有錯兒呵。」師己這樣說。

孔子便道：「我唱個歌好麼？這是我新作的歌：

用的是美人計，
美人計把人趕走，
歌舞也夠迷人，

政事可就沒了救。
我有甚麼不開懷？
我今後優哉游哉！」6

師己聽了這話就回來了。季桓子問他孔子說甚麼來着，師己便照實說了。季桓子聽了，裝作惋惜的樣子，說：「老師是怪我收留這些丫頭呵！」

孔子就這樣離開了魯國。

註釋

1 參考《史記．齊太公世家》、《管晏列傳》。《史記》所說越石父「在縲紲中」一語，據日本瀧川資言考證，是採自《呂氏春秋》，原文「累之」，是因負累作僕，司馬遷卻誤解為「縲紲」了。

2 見《左傳》昭公二十年。

3 見《論語．微子》篇，第四章。

4 見《孟子．告子》下，第六章。

5 見《孟子．盡心》下，第十七章。

6 見《孔子家語．子路初見》篇；《史記．孔子世家》。

十五、在衛國受到監視

這一次孔子離開魯國，雖然是由於魯定公和季桓子對自己冷淡而促成的，但主要原因應該是由於想限制貴族勢力而遭到了阻礙。像孟氏拆城的問題，就一直還沒有解決。孔子走了，這一年是公元前四九七年，孔子已經五十五歲了。

往哪裏去呢？不能再往東去，東邊是齊國，齊國是剛剛用美女駿馬的計策離間了孔子的；於是向西走去。

孔子選擇了衛國（在河南北部）。這是因為：一來衛國有為自己所佩服的熟人。衛國的大夫蘧伯玉就曾打發人來看望過孔子，孔子問那使者：「老先生在做甚麼呢？」使者說：「老先生想努力減少自己的過錯，可是還沒十分做好呢。」孔子很讚美這使者會說話[1]，當然他同時也看出蘧伯玉是如何謙虛而有修養了。二來衛國這時是安定的，衛靈公已經統治了衛國三十八年，而衛國原有的一些人才，像蘧伯玉已經老了，史魚[2]已經死了，所以衛國又是可以有為的地方。三來子路和衛國的寵臣彌子瑕是連襟[3]，孔子到衛國，可能還受了子路的慫恿。

孔子在衛國的都城帝丘（河南濮陽縣）見了衛靈公。但這時衛靈公對孔子是沒有甚麼認識的，只是空洞地覺得應該對孔子敬重罷了。衛靈公便問孔子在魯國受甚麼待遇，得多少米。——那時的薪俸是以米來計算的。孔子把在魯國的情形說了，於是孔子得到如同在魯國一樣的地位和生活待遇。

但是他和衛靈公的關係究竟是不鞏固的，因為一則剛到，二則他又不是衛國人。有人還說了這樣的話：「孔子來到衛國，也許是不懷好意的。他帶來的弟子很多，各樣人才都有，萬一是為了魯國而到這裏有甚麼企圖的話，又怎麼辦？」

衛靈公不能不小心了，便派公孫余假監視孔子，孔子出門進門，這個人都跟着。孔子感到很彆扭，就又率領着弟子離開了衛國[4]。

註釋

1 見《論語．憲問》篇，第二十五章。

2 史魚也是衛國的大夫，他在古代有廣泛的聲譽，先秦書中常有「曾史之行」的話，曾指曾子，史即史魚。孔子也很佩服史魚，他曾說：「史魚真夠正直呵！太平呢，他像箭那麼直；不太平呢，他仍像箭那麼直。」見《論語．衛靈公》篇。

3 見《孟子．萬章》上，第八章。

4 見《史記．孔子世家》。

十六、過匡城被拘留

孔子這一回在衛國沒住了幾個月。他走得是如此倉促，他自己坐的是車，弟子們有的跟在車上，大多數卻是步行的，當他要出東門的時候，便和一部份弟子失散了。

孔子的弟子子貢，這時是個二十四五歲的青年，因為找不到老師，很着急，逢見人便問。於是有人笑嘻嘻地告訴他：「我看見東門有一個人，長得很體面，兩腮像堯帝，脖子像有名的法官皋陶，肩膀像大政治家子產，腰以下又像治水的大禹，不過還短三寸就是了。樣子很狼狽，像條喪家狗吶。」[1]

子貢知道這一定是孔子了，便找到東門，果然趕上了孔子。孔子問他迷失到哪裏，怎樣才找來的呢？子貢便把剛才聽來的話告訴了孔子。

孔子聽了，笑道：「一個人的長相是不足為憑的。說我像條喪家狗，倒一點不錯！一點不錯！」

孔子等出了東門往前走，走到一個地方叫匡（在現在河南長垣縣境）[2]，不巧逢上這個地方正在鬧亂子。原來有個被衛靈公所驅逐的衛國貴族公孫戌，他佔據了匡城[3]。因為這地區還處於戰時狀態，所以匡城的人是在警戒着的。他們見孔子帶了這麼些人來，已經覺得形跡可疑。逢巧給孔子趕車的弟子顏刻又用馬鞭子指着城缺口說：「我從前和陽虎就是從這個缺口打進城去的。」匡城的人聽見這話，就把孔子誤會為陽虎的一夥了[4]。因而把孔子等包圍起來。——原來陽虎曾帶兵騷擾過這個地方。

匡城的人把孔子和他的弟子包圍了五天，不許他們走動。孔子的弟子顏淵原先在路上走得慢了，掉了隊，現在才趕了來。孔子見了他就說：「我以為見不着你了，我以為你死在路上了。」顏淵說：「老師還活着，我們還要做一番事業哩，哪裏敢死？」[5]

匡城的人包圍得更緊了。孔子的弟子便有些恐慌，但孔子鎮靜如常，他還安慰弟子們說：「周文王死了以後，國家建設的一套辦法，不是經過我們的研究，保存在我們這裏麼？除非真不要太平，真不叫人過好日子，那也罷了。我不信匡城人能把我們怎麼樣！」[6]

孔子有一個弟子叫公良孺的，帶着五輛車跟隨孔子，他長得很高大，很勇敢，這時便出來說：「我看還是戰鬥吧。就是戰死，也比困在這裏強。」他於是帶頭勇猛地和匡城人戰鬥起來。

這下匡城人害怕了，佔據匡城的貴族公孫戍才來和孔子談條件。說：「如果你答應不再到衛國去，我們是可以放你走的。」孔子答應了，這樣才解了圍。

註釋

1 這一段事，《史記·孔子世家》說發生在孔子過宋至鄭時。但據崔述在《洙泗考信錄》中的考辨，孔子很少有機會到鄭國；又據《韓詩外傳》卷九，有個與此類似的故事發生在衛國。孔子有好幾次離衛，只有這一次可能是匆迫的，所以敍在這裏。

2 《史記·孔子世家》敍孔子兩次過蒲，一次過匡，實為一事。裴駰《集解》在「過蒲」下引徐廣的話：「長垣縣有匡城蒲鄉」，可知本為一地。下文即將《史記》孔子過匡過蒲事綜合敍述。

3 公孫戍據蒲城，見顧棟高《春秋大事記》，公孫戍叛衛事又見《左傳》定公十四年，兩書所記時間相同，而且正是孔子過匡之時。

4 《史記·孔子世家》中說，「陽虎嘗暴匡人」是事實，而說「孔子狀類陽虎」，因而被拘，卻不近情理。據張守節《正義》引《琴操》，顏刻的話中提及從前和陽虎一道來過，匡人因而誤會現在是陽虎再來，這是合理的。

5 見《論語．先進》篇，第二十一章。

6 見《論語．子罕》篇，第五章。

十七、到了晉國的邊界上

匡城在衛國和晉國的邊境上。孔子也想到晉國去[1]。晉國位置在現在的山西省以及山西和河北、河南交界處，是春秋時期的一個大國。這時當權的是趙簡子，趙家在晉國的地位和季氏在魯國的地位很相似。

孔子正要到晉國去的時候，忽然聽說趙簡子殺了兩個賢人——鳴犢和竇犨[2]。這時孔子剛要過黃河，便對着河水嘆口氣說：「浩浩蕩蕩的流水是很美的，可是我不想過去了。這也是命吧。」孔子又說起迷信的話頭兒——「命」來了。

子貢問道：「您這話是甚麼意思呢？」

孔子說：「鳴犢和竇犨是晉國的兩個賢人，趙簡子沒有得志的時候呢，依靠他倆出主意；現在掌握了政權，卻把他倆殺了。我聽說，如果殺害了幼小的走獸，麒麟就不肯來到野外；如果把水裏的魚打盡，蛟龍就不肯來降雨；如果毀壞了鳥窠、鳥蛋，鳳凰也就不肯飛來。為甚麼？因為都認為同類被殘害是夠傷心的呵！鳥獸還這樣，難道我能無動於衷麼？」

孔子因而停下來，作了一個歌曲，叫《陬操》。他再也不肯到晉國去了。

這時晉國國內正在進行着戰爭。趙簡子和晉國另外兩個貴族范氏、中行氏互相攻打。趙簡子的家臣佛肸便佔據中牟（在現在河南湯陰縣境）獨立起來了，他的企圖是打擊趙簡子的威信，同時也想趁機撈一把。這情形很像魯國的公山不狃佔據費城反對季氏。

佛肸也曾打發人來請孔子[3]。這同樣是希望借孔子來壯一壯聲勢的。佛肸看到孔子正在徬徨無路，也知道孔子因為趙簡子殺了賢人而不滿意趙簡子，他認為孔子很有去的可能。

孔子果然也想去，但子路又出來反對了，說：「我聽老師說過，如果一個人本身的行為不正當，好人是不和他合作的。佛肸反叛趙簡子，難道是應當的麼？」孔子說：「不錯，我是說過那樣話的。但是我不是也說過，真正堅強的，磨也磨不成薄片；真正潔白的，染也染不成黑漆麼？我又不是苦瓜，難道可以長遠地掛在半空裏不吃飯麼？」[4]

可是當時晉國的情況的確混亂，孔子到底沒有到中牟去。

註釋

1 《史記．孔子世家》敍孔子欲至晉在第二次去衛之後，現在以匡城位置衡量，當在此時。
2 事見《史記．孔子世家》，但《孔子世家》中鳴犢、竇犨作竇鳴犢、舜華，茲據王引之之説改。
3 《史記．孔子世家》敍佛肸事在孔子欲至晉前，茲因趙簡子先有為范氏、中行氏所敗奔往晉陽事，故將敍述次序調動。中牟近匡蒲，其事相接。
4 見《論語．陽貨》篇，第六章。

十八、仍然回到衛國——不愉快的三年

孔子考慮的結果，還是再回到衛國去。子貢問道：「不是和公孫戌在匡城訂過盟約，不再回衛國的麼？」孔子說：「那是強迫訂下的呵，強迫的盟約就是神也不管這筆賬的。」

衛靈公聽說孔子回來了，十分高興，並且後悔前些時候不該輕信人言，派人監視。這次他親自到郊外去迎接孔子。

孔子住在老朋友蘧伯玉家裏。孔子這一回在衛國住得很久，一住住了三年。轉眼孔子已經五十九歲了。魯國國內也已經換了國君，魯定公死了，由魯定公的兒子魯哀公繼了位。

孔子在衛國的這幾年卻也並不得意。原因是，衛靈公已經老了，對孔子表面上雖然很敬重，但並不是真心的。他對於本國一些老人像蘧伯玉等尚且冷淡，如何能尊重外來的孔子？他十分荒淫，甚麼事也不振作，只知道和夫人南子、寵臣彌子瑕等鬼混而已。

衛靈公的夫人南子這時一定要見見孔子。她打發人告訴孔子說：「四方來的名人，凡是瞧得起我們國君、覺得夠交情的，沒有不來見見我的。我也很願意長長見識呢。」

孔子起初還婉謝，但謝絕不了，只好去見了她。

南子坐在紗帳裏，孔子進門行了禮。南子在帳子裏也回了禮。因為有帳子隔着，南子是瞧清楚孔子的，但孔子卻瞧不見南子，只聽見南子身上佩帶的玉器丁冬丁冬地響。

孔子出來告訴門徒們說：「我本來不要見這樣的女人，這次不過是禮尚往來罷了。」

可是子路很不高興。他覺得孔子有些失身份。

孔子急了，發誓說：「要是有甚麼別的，我不得好死，我不得好死！」[1]

孔子和南子的見面也的確產生了一些不良影響。衛靈公認為孔子不是那麼嚴肅可怕了。有一天，衛靈公和南子一同坐車出門，便讓孔子在第二輛車上坐着，後面又跟着一輛車，坐的是太監雍渠。他們就這樣一塊在街市上招搖起來了[2]。

衛靈公也許認為這是表示對孔子的親近吧，但孔子覺得這是難堪的侮辱。孔子事後說：「咳！我沒見過看重道德像看重美色那樣的人！」[3]

有一天，衛靈公問孔子說：「討伐匡城蒲鄉的公孫戌可以不可以呢？」孔子說：「當然可以，而且應該討伐。」衛靈公又說：「但是我的大臣們不贊成呢。再說這地方是一個緩衝，可以用來應付晉、楚兩國的。現在去討伐，有把握麼？」孔子說：「那地方的男人現在寧願死，也不願跟着公孫戌胡鬧；那地方的婦女也肯出死力保衛自己的家鄉，而不願意受公孫戌的壓迫。我們所要討伐的，只是為首的四五個人罷了。把握是有的。」衛靈公說：「好。」可是並沒有認真去進行[4]。

孔子知道衛靈公是不想振作了，而且也並不重視自己。

有一天，孔子正在屋裏擊磬（當時的一種樂器），一個背草筐的老人路過門口，聽見磬聲便說：「擊磬的是個熱腸人呵！」過了一會兒，他又說：「但是太固執了。磬的聲音又響又急，看來這個人是唯恐人家不知道自己！既然沒有人知道，也就算了吧，何必呢？歌謠上不是這樣唱來着：『水深呢，脫去衣服游過去；水淺呢，撩起衣服蹚過去。』」[5]

可是孔子這時卻還是執迷着——為夢想實現自己的政治理想和得到政治地位而執迷着。

最後衛國發生了政變。起因是衛國太子蒯聵和南子有了惡感。他派人去刺殺南子。但那個人到時候不敢下手，蒯聵屢次用眼睛向他示意，這樣便被南子覺察了，她拚命喊起來：「太子要殺我呢！」衛靈公是偏向南子的，太子蒯聵嚇得趕緊逃到晉國趙簡子那裏去了[6]。

這次衛靈公卻想用兵了，便又問孔子怎樣作戰。孔子覺得衛靈公實在老糊塗了，作戰理由既不正大，又牽涉到晉國；況且是父子之間的爭執，外人是不好說話的，於是答道：「要是問我怎樣祭天祭祖呢，我是學過的；打仗麼，我可不懂。」[7]衛靈公聽了自然很不高興。

第二天孔子再同衛靈公談話的時候，衛靈公的眼睛就沒有看孔子，而只是仰着頭看空中的大雁。孔子覺察出現在已經是必須離開這地方的時候了。

衛靈公不久就死了，結束了他在衛國四十二年的統治。內爭繼續着。南子依照衛靈公的遺命，叫小兒子郢來繼位。但是郢卻不敢答應，他說：「太子蒯聵雖然逃亡在外，但太子的兒子叫輒的還在，應該由他繼承。」於是衛靈公的孫子輒被立為衛君，這就是衛出公。可是逃在晉國的太子蒯聵還想回來繼位，這事得到了晉國趙簡子的支持。那時魯國的野心家陽虎也在晉國，趙簡子便命令陽虎護送蒯聵回國。

陽虎派了八個人穿着喪服，假裝是從衛國來迎接蒯聵的，於是蒯聵假哭着到了國境。但蒯聵的兒子衛出公卻用武力拒絕了蒯聵，結果蒯聵的陰謀遭到失敗[8]。

這就是當時衛國的情況：由衛靈公的父子之爭演變為第二代的父子之爭。

在衛出公被擁立的這一年——公元前四九二年，孔子整整六十歲了。

當時，孔子的弟子中，有人懷疑孔子是否參與過擁立衛出公的政變，像冉有就問子貢道：「咱們老師是不是曾幫助過衛出公呢？」子貢說：「讓我去問問看。」

子貢是個聰明人，他不便直接問孔子，卻借兩個歷史人物來探孔子的口氣，他問孔子道：「伯夷、叔齊是怎樣的人呢？」伯夷、叔齊是古代傳說中的兩位王子，他們彼此推讓，不肯繼任父親的王位，結果都逃到國外去。子貢提出這兩個人來，看孔子對他們如何評價。孔子說：「有仁德的人呵。」

「那麼，他們有甚麼怨恨不平麼？」子貢想把問題弄得更明確些。

「他們所追求的只是仁德，而得到的也就是仁德，這就滿足了，還有甚麼怨恨的呢？」

子貢心裏就明白了，出來告訴冉有說：「咱們老師是不會參與的。」[9]

死去的衛靈公既然不能重用孔子，現在衛國又發生了劇烈的內部鬥爭，這內部鬥爭還牽涉到國外勢力——晉國支持蒯聵，齊國則支持衛出公，孔子於是決定離開衛國。

孔子最後批評衛國的政治說：「衛國和魯國真是難兄難弟呵！」[10]從歷史上說，魯國的祖先是周公，衛國的祖先是康叔，康叔和周公原是親兄弟，現在混亂的情形又差不多，所以孔子說了這樣的雙關語。

註釋

1 見《論語．雍也》篇，第二十八章。《史記．孔子世家》有更詳細的記載。

2 見《史記．孔子世家》。

3 見《論語．子罕》篇，第十八章。司馬遷在《史記．孔子世家》中把這句話聯繫在這裏，又說：「於是醜之」，這樣理解是很恰當的。

4《史記．孔子世家》敍此事在孔子居陳三歲以後，但公孫戍那時已逃往魯國了，故崔述以為時代不對。今將此事提前，與情勢較合。

5 見《論語．憲問》篇，第三十九章。

6 見《史記．衛康叔世家》。

7 見《論語．衛靈公》篇，第一章中有「明日遂行」語，但據《先秦諸子系年考辨》第三九頁，孔子此次去衛實在衛靈公死後，《論語》只是形容孔子走得乾脆罷了。

8 見《左傳》哀公二年；《史記．衛康叔世家》；《孔子世家》。

9 見《論語．述而》篇，第十五章。

10 見《論語．子路》篇，第七章。

十九、過宋國的時候遭到迫害

孔子懷着不愉快的心情離開衛國。這一次的方向是往東南走。走到衛宋交界一個叫儀的地方（在現在河南蘭考縣境），管邊界的小官吏說：「過往的名人，我沒有不能拜見的。」意思是要見見孔子。孔子的弟子便引他見了孔子。他見了孔子以後，出來說：「朋友們，現在還怕老不太平麼？天下混亂得太久，看來老天爺要叫孔子出來管教管教了。」[1]

孔子出了衛國國界，就到了宋國境內。孔子和弟子們歇在一棵大樹底下。孔子叫弟子們溫習所學過的禮儀。正在演習，那曾經因為奴役人民而被孔子批評過的宋國司馬桓魋[2]便帶了一些人來，把樹給砍倒了，還要殺孔子。弟子們說：「應該快點兒走了！」孔子說：「我有我的事業，老天會保佑我，桓魋能把我怎麼樣！」[3]

孔子一面拿話來安慰弟子，一面退了開去。

為了免得在宋國遇到更多的留難，孔子換上便衣[4]，和弟子們逃出了宋的國境。

註釋

1 見《論語．八佾》篇，第二十四章。

2 據説桓魋是很奢侈的人，他為自己造一個石槨（棺材的石套子），造了三年還沒有造成，可是工匠都病倒了。孔子於是狠狠地批評了他。見《曲禮．子貢問解》。

3 見《論語．述而》篇，第二十三章及《莊子．天運》篇。

4 見《孟子．萬章》上，第八章。

二十、孔子停留在陳國

就在公元前四九二年，孔子到了陳國[1]，住在大夫司城貞子家裏。陳國在宋國的南面，國都宛丘，就是現在河南的淮陽縣。陳的國君是陳湣公，這一年是陳湣公十年。孔子參加了陳國的政府工作。

這時陳國東方的吳國和南方的楚國都是很強大的，陳國常受兩國欺凌。吳國尤其趾高氣揚，因為這時正是吳王夫差任用伍子胥打敗越王勾踐的第三年。——同時卻也是越王勾踐臥薪嘗膽的時候。

陳國是一個小國，是吳楚兩大強國爭奪的目標，陳湣公又很平庸，所以孔子在陳國也沒能取得甚麼顯著成績。

陳湣公把孔子只看做是一個博學的人。有一天，一隻被箭射穿的小鷹落下了，箭還在小鷹身上，箭頭是石頭的，箭桿長一尺八寸，陳湣公便打發人去問孔子。孔子說：「這箭是有來歷的。它是北方肅慎國（在現在吉林省）的。從前周武王平定天下以後，各國都有貢物。肅慎國就貢獻了這種箭。後來周天子又把遠方的貢物分給同姓的國家，為的是叫人不要忘了邊疆。我聽說這種箭曾分給了陳國。不信，可到保存古物的機關查一查。」一查，果然有[2]。陳湣公大為佩服，可是陳湣公佩服孔子的也就是這類事罷了。

孔子在陳國也常思念着魯國。這年夏天，魯國發生了火災，先是一個小的宮殿起了火，後來蔓延到魯哀公的正殿上去了，最後把魯哀公的八代祖桓公、六代祖僖公的廟也燒了。桓公、僖公祖廟的存在，也說明季氏在魯國的跋扈。原來按照當時的禮法，祖宗的廟只保存到四代為止，魯國所以還保存桓公、僖公的廟，是因為季氏當權的關係。桓公是季氏的直系祖先，僖公是開始給予季氏封地的人，季氏為了紀念他們，所以特地將他們的廟保存下來。

這年秋天季桓子病得很重，他在車中看到魯國國都的城牆，嘆口氣說：「從前這個國家本來也可以興旺的，因為我對不起孔子，所以才沒有興旺起來。」他回過頭來，望了望他的繼承人季康子說：「我快死了，我死後你一定會輔佐魯君的；你如果輔佐魯君，一定要把孔子請回來。」

過了幾天，季桓子果然死了，季康子繼承了他的職位。季康子把季桓子安葬以後，就要把孔子請回來。可是這時貴族們卻另有一種打算。公之魚便是抱着這種打算的人。他說：「魯定公還在的時候，曾用過孔子，但是不能有始有終，被各國諸侯笑話。現在要是再用孔子，如果也不能有始有終，不是又要被各國諸侯笑話一回麼？」這話透露出當時魯國統治集團原沒打算真正有始有終地任用孔子。

季康子說：「那麼，你看怎麼辦呢？」

公之魚說：「我看不一定要孔子本人來，只請到孔子的弟子像冉有一類的人就夠了。請冉有，還不是等於請回孔子了麼？就是鬧翻了，也不傷咱們的面子呵。」

季康子覺得對。但是也沒有馬上實行[3]。

這仍是孔子六十歲那一年的事。這一年孔子特別辛苦：離衛，過宋，到陳。這一年他碰到的事兒也特別多：衛國立了新君，發生內亂；孔子過宋的時候，遭到桓魋的迫害；魯國發生了火災，季桓子死了，季康子執政，打算把孔子請回，可是也沒有真的來請。

上了六十歲的孔子，閱歷是多了，受到的磨煉也更多了，他曾說：「我在六十歲上，耳朵裏聽到任何不如意的話，也能冷靜地去分析，犯不上生氣了。」[4]

孔子在陳國，一住又住了三年。

註釋

1 《史記．孔子世家》記孔子兩次到陳國，中間曾回衛。茲據崔述考證，孔子到陳只一次。

2 見《國語．魯語》。

3 《史記．孔子世家》在公之魚與季康子對話後，即接敍召冉有及孔子「歸乎」之語。茲據崔述說法移後。

4 見《論語．為政》篇，第四章。

二十一、孔子絕糧

公元前四八九年，吳國大舉攻陳，楚國助陳進行反攻，陳國陷於混亂狀態。楚國的軍隊由楚昭王親自率領着，駐紮在陳國東北部的城父（現在安徽亳縣）地方，這樣就阻截住吳軍的進攻。但這時楚昭王病了。

逢巧天上有一簇紅雲，像一群五顏六色的鳥一樣，夾着太陽飄去。楚昭王派人問周的太史（管歷史、天文的官）這是甚麼兆頭，周太史說，這預兆對楚昭王是不吉利的；但又說可以移在將相身上。楚昭王的將相便紛紛向神祈禱，希望能代替楚王承受不幸。但楚昭王說：「這不成。將相是我的手足，如何可以代我受禍呢？」他沒有答應。於是又叫卜者卜了一卦，卦象上說楚王的病是由於沒祭河神而惹起的。有些官員便請楚王去祭一祭河神。可是楚昭王也不以為然，他說：「我們祖傳的疆域是在長江漢水一帶。黃河不在我們境內，我是得罪不着河神的。」

孔子聽說楚昭王這樣，很佩服楚昭王的開明[1]。孔子想，陳國既然在混亂中，就不如到楚國去。正好楚昭王也希望孔子能到楚國去，並曾派人來迎接。於是孔子決定上楚國去走一趟。

從陳國到楚國，中間要經過一些吳、楚兩國所爭奪着的小國，其中之一是蔡國。蔡國國都原在現在河南東南部的新蔡縣境，但在吳楚爭奪過程中，曾一度因傾向吳國而遷到州來（現在安徽鳳台縣），這時一部份蔡國人民卻又被楚國遷到負函（現在河南信陽縣）。孔子要從陳國到楚國去，就必須經過負函。負函在名義上也算屬於蔡國[2]。

從宛丘到負函這一段路上，正是吳楚交兵的地帶。有一天，孔子被亂兵圍住，帶的糧食也吃光了。跟從的弟子們又餓又累，有些人已經病倒了[3]。

但是孔子還照常給弟子們講學，照常彈琴、唱歌。

子路首先沉不住氣，撅着嘴，問孔子道：「有道德有學問的人也遭難麼？」孔子說：「有道德有學問的人並非不遭難，但是能夠遭了難也不動搖。沒有道德沒有學問的人一遇困難卻會變節。」[4]

但是弟子們越來越不安定了，孔子便把子路叫來問道：「古時候的一首詩歌上說：

又不是老虎，
又不是犀牛，
徘徊在曠野，
是甚麼因由？

是不是我們講的道理不對了？不然，我們何以會困在這裏呢？」

子路說：「恐怕是我們的仁德不夠，人們才不相信我們；恐怕是我們的智慧不夠，人們才不能實行我們的主張吧。」

孔子叫着子路的名字說：「由呵，假如有仁德就會使人相信，為甚麼伯夷、叔齊會餓死呢？假如有智慧就可以行得通，為甚麼比干的心會被人家剜掉呢？」

子路退出，子貢進來見孔子。孔子又問道：「古時候的一首詩歌上說：

又不是老虎，
又不是犀牛，
徘徊在曠野，

是甚麼因由？

是不是我們講的道理不對了？不然，我們何以會困在這裏呢？」

子貢說：「老師的理想太高了，所以到處不能相容。老師是不是可以把理想降低一些？」

孔子說：「賜呵，一個好的農夫能夠好好地耕種，但是不一定有很好的收成；一個好的工匠能做出很巧妙的東西，但是不一定正趕上人家的需要；一個想有作為的人有他自己的主張，他能夠把主張有條有理地發表出來，但是人家不一定就會接受。你現在不努力充實你自己，卻斤斤計較別人能不能接受，你的志氣未免太小了！」

子貢退出，顏淵進來見孔子。孔子仍舊問道：「古時候的一首詩歌上說：

又不是老虎，

又不是犀牛，

徘徊在曠野，

是不是我們講的道理不對了？不然，我們何以會困在這裏呢？」

顏淵說：「老師的理想很高，所以到處不能相容。可是，老師還是可以努力爭取實現這種理想的。人家不能相容，有甚麼關係？人家不能相容，才能考驗出有道德有學問的人的涵養功夫。拿不出好的主張來，在我們是可恥的；有了好的主張而沒有人實現，這是各國當權者的羞恥。人家不能相容，有甚麼關係？人家不能相容，才能考驗出有道德有學問的人的涵養功夫。」

孔子聽了，很歡喜，笑道：「就是這個話呵。姓顏的小夥子，如果你有了錢，我願意給你管賬吶！」[5]

孔子的話其實是自我陶醉，自己安慰自己，顏淵的話不過是迎合孔子的心理。孔子一面拿顏淵的話來安慰大家，一面派子貢和楚軍交涉好，於是孔子等在楚軍保護下到達了負函。

註釋

1 見《左傳》哀公六年，《史記·楚世家》。
2 據崔述考證，見《洙泗考信錄》卷三。
3 陳蔡之厄即在陳絕糧事，參考《先秦諸子系年考辨》，頁四八。
4 見《論語·衛靈公》篇，第二章。
5 以上均據《史記·孔子世家》。

二十二、孔子勾留在楚國的邊緣

孔子到負函的一年六十三歲了。這年是公元前四八九年，在魯國是魯哀公六年。這時負函在楚國的勢力控制之下，到了這裏也就等於到了楚國[1]。楚國的大將沈諸梁駐紮在負函，他是這地方實際上的執政者。沈諸梁曾經當過葉（在現在河南葉縣的南面）這個地方的長官，因此習慣上也稱為葉公。公是楚國土話長官的意思，並不是爵位；但葉公在楚國是很有勢力的人物，他後來曾代理過令君——楚國令君相當於其他國家的宰相。

葉公曾經向孔子請教過政治，孔子告訴他：「要讓近處的人安居樂業，同時讓遠方的人願意來投奔。」[2]這對於葉公當前的任務管理遷在負函的蔡國人民說，正是對症下藥的。因為，葉公以楚將的身份對待這一部份蔡國人民，是免不了像對待俘虜那樣的；如果對待不好，在這不安定的地區當然就會產生惡果了。

葉公很佩服孔子，但苦於不能完全理解孔子，便問子路：「孔子到底是怎樣的人呢？」子路也覺得難於作答，不曉得從哪兒說起。

孔子聽說了，便告訴子路說：「由呵，你怎麼不這樣回答他：孔丘為人，就是不倦地學習，不倦地教人；發憤起來連吃飯也忘記了，總是那麼樂觀，有人說他快要老了，但他一點兒也還沒覺得呢。」[3]這就是孔子對於自己終身事業和樂觀積極精神的概括，而且這種態度，在他是在任何環境下都保持着的。

病中的楚昭王本來是想重用孔子的，準備在孔子到楚國後封給他七百社。一社是二十五戶人家，這種待遇是很優厚的。可是楚國的貴族們不贊成，怕孔子到了楚國會奪取政權。那時楚國的令君是子西，子西是楚昭王的庶兄，他便提醒楚昭王道：「大王的外交使臣，有趕得上子貢的麼？」「沒有。」「大王的令尹，有趕得上顏淵的麼？」「沒有。」「大王的將軍元帥，有趕得上子路的麼？」「沒有。」「大王的地方官吏，有趕得上宰我的麼？」「沒有。」

子西於是說：「那麼，好了。楚國最初受的封地也不過五十社，你現在封給孔子的，不也太多了麼？再說孔子政治上是有一套主張和做法的，他想實現周公的事業，你用了他，楚國還能子子孫孫過安穩日子麼？當初周文王、周武王都是由小根據地，幹出大事兒來的。現在如果讓孔子有了根據地，再加上他那些能幹弟子，楚國是太危險了。」

楚昭王聽了這話，就打消了原來的念頭[4]。

當年秋天，楚昭王在城父病死了。當權的令尹子西是不會歡迎孔子的。於是孔子依然停留在楚國的邊緣上，進退都有些為難了。

一天，有一個人好像瘋瘋癲癲的，跑近孔子的車子，唱着這樣的歌：

鳳呵，鳳呵，
為甚麼這樣狼狽？
過去的過去了，
未來的還可挽回。
算了，算了，
現在當權的都是些敗類！

孔子聽見這個歌，趕快下了車，想同這個人談談自己的心事，但是那個人已經跑遠了[5]。

又一天，孔子又逢見一個漁人唱着歌：

滄浪的水清呵，
我洗洗我的帽纓；
滄浪的水濁呵，
我洗洗我的腳！[6]

孔子發覺了楚國的頑固貴族勢力比任何國家的都大，好人是不容易出來做事的，這些人的歌謠就反映了這一點。於是他就放棄了繼續前往楚國的打算。當時和魯國關係較密切的是衛國；孔子自己比較熟悉的，除魯國之外也是衛國。衛國經過幾年的內亂，太子蒯聵一時無力奪回王位，而蒯聵的兒子衛出公的政權也暫趨穩固。——孔子決定還是回到衛國去。

在回衛國的路上，逢見一個長得很高的人，渾身汗津津的，還有一個身材也很魁梧，兩腳上滿是泥的，他們在那裏一塊兒耕地[7]。那時用牲口耕地還不普遍，一般地就是用人力來耕地。孔子打發子路向他們詢問渡口在哪裏。子路原是拿着馬鞭子趕車的，他下車來問路，馬鞭子便交給了孔子。

當子路開口問路時，前邊那個高個子卻反問子路道：「坐在車子上拿鞭子的是誰？」

子路說：「是孔丘。」

高個子又問道：「是魯國的孔丘麼？」

子路說：「是。」

「哼！那他就該知道渡口了。」

後邊那個滿腳是泥的大漢也跟着問子路道：「你是誰？」

子路說：「我是仲由。」

「你是孔丘的弟子麼？」

「是。」

那個大漢便道：「現在的世道是到處亂哄哄，哪裏不是一樣？與其跟着躲避那個、選擇這個的人跑，何如跟着我們不問世事的人呢？」

他們繼續不住地翻地，不再說話了。

子路回來告訴了孔子。孔子聽了，覺得這又是一個大刺激，他思想有些混亂了，一時定不住神，停了一大會兒[8]，才慢慢地說：「有種人，只在山林裏和鳥獸來往，我是做不來的。像剛才這樣的人，我不是也很願意和他們在一起麼？我沒有和這些人在一起，正是因為到處亂哄哄呵。天下果然太平了，我還到處跑麼？」[9]

過了幾天，孔子和弟子們在路上，子路落在後邊了，他不知道孔子走了哪一條路。他逢見一個拄着拐杖、背着柳條筐的老頭兒，便問道：「你見我的老師來麼？」老頭兒說：「四肢不動，五穀不識，甚麼老師不老師！」他放下拐杖，開始拔草了。

子路好容易趕上孔子，把這事告訴了孔子。孔子說：「這恐怕是一個隱士呢。」再打發子路去尋找，那人已經走遠了[10]。

像孔子在路上遇見的這些人物：背柳條筐的，耕田的，以及不久以前所遇見的一些人物：跑近車旁高歌的，打着魚唱耍的，都很淳樸可愛。他們對孔子是在譏諷，也是在惋惜，這是孔子在北方所很少逢見的。這不能不使孔子在思想上起了一些波動。當然，思想變化是不能馬上看得出來的，孔子在當時也還是順了自己的路子走。於是孔子再回到了衛國。

這就是孔子六十三歲那一年的奔波：自陳到楚國的邊境，自楚國的邊境又返回衛國。

註釋

1 據金履祥、梁玉繩說，孔子至葉即至楚。而葉即指葉公沈諸梁所在之蔡，即負函。《史記·孔子世家》把孔子至葉與至楚誤成兩件事，當中又插入了在陳絕糧的一段事，時間地點均錯亂，現已理清。

2 見《論語·子路》篇，第十六章。

3 見《論語·述而》篇，第十九章；並見《史記·孔子世家》。

4 見《史記·孔子世家》。

5 見《論語·微子》篇，第五章。

6 見《孟子·離婁》上，第八章。

7 關於長沮、桀溺二人名字的意義，參見金履祥《論語集注考證》卷九。

8 《論語》原文作「夫子憮然」，據焦循的解釋是安定不動的意思，他的論證很確切。

9 見《論語·微子》篇，第六章。

10 見《論語·微子》篇，第七章。司馬遷用這一節材料時刪去了「止子路宿」、「見其二子」、「不仕無義」這樣一些文字，刪得好，茲依《史記·孔子世家》。

二十三、孔子再到衛國和歸魯

孔子再到衛國，比上兩次順利多了。這時衛出公在位已有三年，衛國已經大致上安定。孔子弟子也有在衛國做事的。衛出公也有意請孔子來擔當重要職務。熱心的子路便來問孔子道：「這次衛國的國君請你出來，你首先要作甚麼呢？」

孔子答道：「當然先要整頓名稱了，要讓任何人的名義和他的職務完全符合，要讓任何事物的名稱和它的實際完全符合。」

子路說：「還是這麼着麼？你真是一位迂夫子呀！」

孔子不能不加指斥了，說：「由呵，你還是這麼粗魯！你不知道名稱不對，講起話來就彆扭；講話彆扭，事情就做不好；事情做不好，禮節音樂就提倡不起來；禮節音樂提倡不起來，刑罰就不會公允；刑罰不公允，老百姓就無法安生了。所以我們稱呼甚麼，一定要說得準確；說準確了，便一定要做到。我們講任何話，是不能馬虎苟且的。如果一個酒杯不是方的，難道也叫它方酒杯、方酒杯麼？」[1]

子路沒有話講了。孔子的話反映了新舊變革劇烈的時代，舊的名稱和新的內容不再適合的情況，但也正因為新舊還在劇烈變革，舊的固然想維持也維持不了，新的也還沒有取得一個一致公認的看法。所以孔子這種主張在當時還是不受歡迎的。

這時吳國的勢力越發擴張，壓迫到了魯國。公元前四八八年——魯哀公七年，吳國和魯國在鄫城（現在山東嶧縣境）舉行會談，吳國要求魯國拿出一百隻牛、一百隻羊、一百隻豬作為獻禮，當時稱為百牢，這是大大超越了當時禮制規定的數目；吳國並且威脅魯國說：「宋國已經這樣貢獻過了，魯國不能少於宋國。」魯國爭執了一番，一點也沒有效果，終於照數給了吳國。吳國又要求季康子去稟見，這次幸虧臨時借用了子貢去，在外交上得了個小勝利，季康子才沒有受辱[2]。這一年，孔子六十四歲了。

第二年，吳國的兵來攻打魯國，幸而有七百個英勇的武士堅決抵抗，吳國的兵才退去。孔子弟子有若就參加了這次戰役[3]。

季康子感到魯國情勢這樣危急，人才如此空虛，又見到孔子弟子像子貢、有若這樣的人都還有點兒用處，想起了幾年前打算把冉有請回去的話。於是便派人到衛國來請冉有。這時孔子已經六十五六歲了。

孔子聽說這事，十分興奮，說：「魯國這回請冉求（冉有名求）回去，準不是小用他，而是要大用他呢！」

這天，孔子看見自己的弟子冉有出了頭，又看見自己還有那麼些多才多藝的弟子，於是得意地說：「有回國的希望了！有回國的希望了！我們這裏這些年輕小夥子，有的是本領呵。簡直像錦緞繡綢一般，叫我不知道裁哪一塊才好呢。」[4]

這時子貢已經由魯國回到衛國，仍舊陪着孔子。他看出孔子是想念家鄉了，便在打發冉有上路的時候囑咐冉有說：「有機會的時候，要想法子把老師請回去呵！」

冉有到了魯國以後，不久就立了功。因為這時吳國聯合魯國去打齊國，齊軍侵入了魯國。魯國的三家貴族最初都不肯抵抗。經過冉有的勸說，季康子才出了兵。其他兩家貴族也才出了兵。但是交戰的結果，卻只有冉有統率的季家這一支兵打了勝仗[5]。

季康子於是問冉有道：「你的軍事才能，是學來的呢還是生就的呢？」

冉有看見機會到了，便說：「從孔子那裏學的。」

季康子又問：「孔子是怎樣的人呢？」

冉有便答：「他是這樣的人，任用了他，一定有成就；有了成就，對老百姓一定有好處；連鬼神也找不出他的岔兒。可是如果不合他的意，就是封給他兩萬五千戶人家，他也看不上眼。」

季康子說：「那麼，我想請他來，可以麼？」

冉有說：「可是可以。但是千萬不要再聽小人的壞話，又冷淡他，就是了。」[6]

於是季康子派了[7]公華、公賓、公林三位代表，又帶了重禮，來迎孔子回國。

這時是公元前四八四年，孔子已是六十八歲的老人了。他離開魯國後在各地過了十四年的漂泊生活。在這十四年中，孔子增加了許多經驗、知識，他也接觸了一些和自己見解迥然不同的人物，這就使他的眼界更廣闊，觀察事物的能力更深刻了。

註釋

1 見《論語・子路》篇，第三章及《雍也》篇，第二十五章。

2 見《左傳》哀公七年。魯對子貢係臨時借用的，觀冉有返魯時子貢仍在孔子側可知。

3 見《左傳》哀公八年。

4 見《論語·公冶長》篇，第二十三章。唯《論語》作「在陳」，《史記·孔子世家》中兩次提到這樣的話，亦都編入孔子在陳時，茲據崔述說移此。

5 見《左傳》哀公十一年。

6 見《史記·孔子世家》。

7 《史記·孔子世家》作「逐公華、公賓、公林」，據日本瀧川資言考證，「逐」當作「使」。

二十四、孔子歸魯後的政治言論和政治態度

經過了十四年的奔波，孔子又回到家鄉來了。

當他回味起這許多年來的經歷的時候，他不能不想到那些時的精力實在浪費得可惜；他不能不發覺到真正能實現或想實現他的政治主張的國君，實際上可說是不存在的。當他重新咀嚼他在路上遇見的那些和自己主張不同的人物所說的話時，他不能不覺得還是這些人對他有些溫暖，有些助益，而他在宮廷裏是被當做可笑的對象的；因此，將近七十歲的孔子對自己的政治生活已比較看淡了，他覺得他不朽的事業還是文化教育。這也就是孔子晚年的主要生活。同時在政治見解上，他這時也有面貌一新的光景了。

當他剛回魯國的時候，魯哀公曾向他請教政治的大道理。他說：「任用好人就是了。」魯哀公又問：「怎樣才能使人民服從呢？」孔子說：「任用正直的人，斥退奸詐的人，人民就服從；任用奸詐的人，斥退正直的人，人民是不會服從的。」[1]

季康子怕人偷竊，也來請教孔子。孔子便乾脆答道：「那是因為你自己貪得無厭呵；否則就是賞給人家，人家也不稀罕！」2

季康子又想多殺人，說是這樣就可以使社會秩序安定。他詢問孔子的意見，孔子說：「你執政，難道還需要殺人麼？你堅決往好處做，人民就可安居樂業。上邊的人好比風，下邊的人好比草，風吹到草上，草會順風倒的。」3

魯國有一個很小的附庸國家，叫顓臾（在現在山東費縣西北），季康子要攻打它。這時子路和冉有都在季家做事，便來告訴孔子。孔子懷疑這事是冉有策動的，就責備冉有說：「求呵，怕是你出的主意吧？顓臾這個小國向來是魯國的附庸，為甚麼還要攻打它呢？」冉有說：「季康子要這樣做，我們倆都不願意。」孔子說：「這話說不過去。你們難道沒有責任麼？籠裏的老虎跑了，匣子裏的美玉碎了，難道不怪看守和保管的人麼？」冉有又辯解道：「顓臾的城堡很堅固，又靠近費城，現在不攻下，怕有後患呢。」孔子便道：「求呵，我們最討厭那種口是心非，又製造藉口的人！我聽說國家不怕人少，怕的是貧富不均；不怕窮，怕的是不安定。現在仲由和冉求輔助季康子，不能使境內人民生活安定，不能讓遠方的人願意往這裏來投奔，卻在內部動起干戈來了。我恐怕季康子的憂患倒不在外而是在內呢！」4

這時季康子的收入是魯國稅收的一半。冉有給他當主管，幫他剝削。季康子的收入於是比往日還增加一倍。孔子為這事很憤慨，說：「冉求不再是我的弟子了！大家敲起鼓來，一齊去攻擊他吧！」[5]

又有一次，孔子弟子公西華被派到齊國去。冉有要給公西華的母親送些米去，來請示孔子。孔子最初說：「給她六斗四升就是了。」冉有說應該多些。孔子說：「那麼，十六斗好了。」可是冉有送了好幾百斗去。孔子又很生氣，說：「公西赤（公西華名赤）到齊國去的時候，騎的是肥馬，穿的是又輕又暖的皮襖，他並不窮呵。我聽說，周濟應周濟那最急需的。已經富有了，還錦上添花做甚麼？」[6]

有一天，孔子經過泰山旁邊，看見一個婦人在墳頭上哭得很悽慘。孔子憑着車上的橫板聽了一會兒，便打發子路去詢問：「你哭得這樣哀痛，到底是為了甚麼呀？」那婦人說：「我公公被老虎吃了，我丈夫又被老虎吃了，我兒子最近也被老虎吃了。」「那麼為甚麼不搬走哇？」那婦人答道：「因為要丁要稅的不上這兒來呀。」孔子對弟子們說：「好好聽着，暴政比老虎還可怕吶！」[7]

孔子的弟子受了孔子的啓發，這時也多能為老百姓着想。魯國為了盡量容納壓榨老百姓得來的財富，要改建倉庫，孔子弟子閔子騫便說：「算了吧。照舊怎麼樣？

改建幹甚麼？」這話很得到孔子的讚許，他說：「閔損（閔子騫名損）這個人輕易不說話，一說就說得很中肯！」[8]

有一天，魯哀公問孔子弟子有若道：「年成不好，收入不夠，怎麼辦？」有若說：「收十分之一的稅就是了。」魯哀公說：「收十分之二，我還不夠呢。十分之一，怎麼行？」有若便說：「只要老百姓夠吃，你還怕缺着麼？要是老百姓不夠吃，你又向誰要？」[9]

由於孔子的態度轉趨明朗，他就更不容易在魯國參加實際政治了。可是他並非對政治毫不關懷。

有一天，冉有退朝回來很晚，孔子便問他：「為甚麼這樣晚？」冉有說：「有事情。」孔子說：「如果有大事，我雖然不在位，我還是應該知道的。」[10]

關懷政治和熱中功名富貴是兩件事，但孔子在往日對這兩件事，是不大分得清楚的。孔子往日的奔走，其中未嘗不帶有功名富貴的念頭。十四年的漂泊教育了他，他在這方面多少有些看開了。他這時說：「吃粗菜，喝清水，枕着胳膊睡一覺，這就有很大的樂趣。那種不是用正當手段得來的富貴，在我看實在和浮雲一樣呵。」[11]他又說：「如果富貴真是一求就可到手的話，叫我給人趕車我也幹；如果強求也未必到手的話，那就不如讓我愛做甚麼做甚麼了。」[12]

他愛做甚麼呢？那就是文化教育工作。

他往日每每要做第二個周公，做夢也是離不了周公。但這時他這樣的夢已很少了。他自己說：「我現在身體這麼不濟了，我很久沒夢見周公了！」其實並不只是身體不濟的緣故。

這時也有人看出孔子不像往日那樣積極從事政治活動了，就問他：「你為甚麼不從政呢？」孔子說：「只要能發生政治影響，這也就是政治呵。難道一定要到衙門裏去辦事才算從政嗎？」[13]基於這種認識，他更把文化教育事業擔承了下來。

註釋

1 見《論語．為政》篇，第十九章。

2 見《論語．顏淵》篇，第十八章。

3 見《論語．顏淵》篇，第十九章。

4 見《論語·季氏》篇，第一章。鄭注以為係季桓子時事，誤。方觀旭《論語偶記》，劉寶楠《論語正義》均謂季氏指康子，茲從之。
5 見《論語·先進》篇，第十七章；《孟子·離婁》上，第十四章。
6 見《論語·雍也》篇，第四章。
7 見《禮記·檀弓》下，第五十六章。
8 見《論語·先進》篇，第十四章。
9 見《論語·顏淵》篇，第九章。
10 見《論語·子路》篇，第十四章。
11 見《論語·述而》篇，第十六章。
12 見《論語·述而》篇，第十二章。
13 見《論語·為政》篇，第二十一章；據《白虎通》引此文，正是孔子自衛返魯的時候。

二十五、專心從事教育工作

從三十歲左右就從事教育的孔子，在任何時期也不曾放棄教育活動的孔子，隨時想到自己培育的人才出眾而感到欣慰的孔子，隨時感到自己的主要生活可以拿「學不厭，教不倦」來概括的孔子，現在更意識到教育工作才是自己的本行了。

由於孔子本人生活和思想上的變化，他對於他的弟子的教育前後期也有所不同。大概在早年所收的弟子是以培養他們從事政治活動為主的，晚年所收的弟子是以培養他們作文化學術工作為主的。

孔子曾經粗略地把他的弟子按照不同特長分為四類，並各舉了幾個代表人物，這就是，德行：顏淵、閔子騫、冉伯牛、仲弓；政治：冉有、子路；口才：宰我、子貢；文學：子游、子夏[1]。——這有點兒像後來大學分系的光景。

自然，這樣分法是不夠嚴格的：德行在孔子看來仍然是政治人才的重要條件；政治也包括軍事；口才又包括外交本領；文學也包括比後代更廣泛的內容——學術。

至於施教的方法，他的最大特點是着重在啓發。孔子根據每個弟子的性格、主要優缺點，而加以相應的及時的教育。子路曾經問孔子：「聽說一個主張很好，是不是應該馬上實行？」孔子說：「還有比你更有經驗、有閱歷的父兄吶，你應該先向他們請教請教再說，哪裏能馬上就做呢？」可是冉有也同樣問過孔子：「聽說一個主張很好，是不是應該馬上實行呢？」孔子卻答道：「當然應該馬上實行。」公西華看見同樣問題而答覆不同，想不通，便去問孔子，孔子說：「冉求遇事畏縮，所以要鼓勵他勇敢；仲由遇事輕率，所以要叮囑他慎重。」[2]

事實上冉有和子路的主要毛病正在這裏。冉有曾告訴過孔子：「不是不喜歡你講的道理，就是實行起來力量夠不上呢。」孔子說：「力量夠不上的，走一半路，歇下來，也還罷了；可是你現在根本沒想走！」[3]這就是冉有的情形。子路不然，子路是個痛快人，孔子曾說他三言兩語就能斷明一個案子。有一次，孔子開玩笑地說：「我的理想在中國不能實現的話，我只好坐上小船到海外去，大概首先願意跟着我的準是仲由了。」子路當了真，便歡喜起來。孔子卻申斥道：「勇敢比我勇敢，可是再也沒有甚麼可取的了！」[4]這就是子路的脾氣。孔子對他們說的話，都是對症下藥的。

孔子對其他弟子也同樣有中肯的批評。顏淵是他最得意的弟子，但因為顏淵太順從他了，便説道：「顏回不是幫助我的，因為他對我甚麼話都一律接受！」[5]又如孔子是主張全面發展的，如果單方面發展，他認為那就像只限於某一種用處的器具了，所以説：「有學問、有修養的人不能像器具一樣。」[6]可是子貢就有陷於一偏的傾向，所以他就批評子貢説：「你只是個器具呵！」子貢問道：「甚麼器具呢？」孔子説：「還好，是祭祀時用的器具。」[7]意思是説，從個別的場合看來，子貢是個體面的器具，卻沒有注意到全面的發展。

孔子注重啓發，他善於選擇人容易接受的機會給以提醒。他説：「如果一個人不發憤求知，我是不開導他的；如果一個人不是到了自己努力鑽研、百思不得其解而感覺困難的時候，我也不會引導他更深入一層。譬如一張四方桌在這裏，假使我告訴他，桌子的一角是方的，但他一點也不用心，不能悟到那其餘的三隻角也是方的，我就不會再向他廢話了。」[8]

孔子又往往能使人在原來的想法上更進一步。子貢有一次問道：「一般人都喜歡這個人，這個人怎麼樣？」孔子説：「這不夠。」子貢又問：「那麼，一般人都不喜歡這個人呢？」孔子説：「也不夠。要一切好人都喜歡他，一切壞人都不喜歡他才行。」[9]

孔子對弟子使用的語言往往是含蓄而富有形象的，讓人可以咀嚼，卻又很具體。孔子看到有些人雖然不是不可教育，但根本不努力，又有些人卻努力而不得其道，因而也沒有成就，便對弟子們說：「莊稼是莊稼，可是光有苗頭，長不出穗兒來的，有的是；長了穗兒卻是個空殼兒，不結米粒兒的，也還是有的是呢！」[10]

孔子在教導弟子的時候，最反對主觀自是。他說要根絕四種東西：一是捕風捉影的猜想；二是把事情看得死死的；三是固執自己片面的看法；四是把主觀的「我」看得太大，處處放在第一位[11]。

孔子也常常以自己虛心的榜樣來教育弟子。他曾說：「我不是生來就知道甚麼的，我不過是喜歡古代人積累下來的經驗，很勤懇、很不放鬆地去追求就是了。」[12]又說：「三個人一塊兒走路，其中就準有我一位老師。」[13]還說：「我知道甚麼？我甚麼也不知道。有人來問我，我也是空空的。但我一定把人們提的問題弄清楚，我盡我的力量幫他思索。」[14]

一個當慣了教師的人，往往容易擺出一副無所不知的架子，有時甚而不知道的也冒充知道。但作為一個教育家的孔子卻一貫虛心，對於求知是抱有嚴肅認真的態度的。孔子曾向子路說道：「仲由呵，你知道甚麼是教育麼？知道的就說知道，不知道的就說不知道，這才是真知道。一個教育者是應該這樣的呵。」[15]

孔子常常以自己的不斷求知、積極學習態度來鼓舞弟子。他說：「我學習的時候，老怕趕不上，又怕學了又丟掉。」[16]他又說：「十戶人家的村子，找我這樣忠厚信實人不難，可是找我這樣積極學習的，就比較少。」[17]他時常以不疲倦的學習，以致忘了憂愁、忘了衰老來形容自己。

學習和思考都重要，他說：「光是學習，不去思考，就得不到甚麼；光是思考，不去學習，也是白費精神。」[18]但孔子更重視學習，他以自己的親身經驗告訴弟子們說：「我曾經整天不吃飯，整夜不睡覺，只管想來想去，但是沒有甚麼收穫，不如實實在在的學習有益處。」[19]

弟子有在學習上鬆懈的，他就加以批評。宰我白天睡懶覺，孔子就說：「爛木頭是不能刻上甚麼的，爛土牆是不能畫上甚麼的，我對於宰予還有甚麼辦法！」[20]子貢忙着批評別人，而放鬆自責。孔子便也對他說：「端木賜呵，你這麼聰明麼？我就沒有這麼些功夫！」[21]

孔子最反對人在學習上自滿。子路看見古代詩歌上有這麼兩句：「也不害人，也不求人，走到哪裏，也是好人。」便老背這句話，滿足了。孔子於是說：「這哪裏配稱好人呢？」[22]

在學習中，他很注重溫習，也就是把學習到的東西要鞏固起來。他說：「學習會了的東西，時常溫習一下，不也很有樂趣麼？」溫習就能熟練，熟練就會有創造，所以他又說：「溫習舊的，能產生新的心得，這樣就有資格當老師了。」[23]

孔子對弟子的教育，是結合實際生活來進行的。像對於父母要尊敬，想到父母愛護子女就要注意自己健康；像與人相處要融洽，但不要遷就；像對一般人都要友愛，但更要接近好人；像做事要勤快，說話要謙虛謹慎，逢見比自己高明的人要老老實實請教等。

有一次，子路問孔子人死了以後怎樣，孔子說：「活着的問題還沒解決，管死了以後做甚麼？」子路又問：「該怎樣對待鬼神？」孔子說：「對待人還沒對待好呢，談甚麼對待鬼神！」[24]孔子就是這樣看重實際問題，而不喜歡空論的。孔子也很少談怪異、武力、變亂、鬼神[25]。在做人道理方面，如果提得太高而不切實，孔子也是不許可的。子貢曾說：「我不願意別人對待我的，我也不要照樣對待別人。」孔子便說：「賜呵，這不是你現在能做到的！」[26]

孔子也經常通過對歷史人物的批評向弟子進行教育。例如有一次子路問起管仲在齊國的內戰中沒有為自己所擁戴的公子糾死節，是不是還可以稱為好人呢？孔子說：「齊桓公能夠多次會合諸侯，不靠武力，使天下有統一的希望，這就是管仲的功勞，這還不算好人麼？這還不算好人麼？」[27]又有一次，子貢也問起同樣問題，孔子也說：「管仲幫助齊桓公，使他成為諸侯的領袖，使天下有統一的希望，人們到如今還受他的好處，如果不是管仲的話，我們早要被外族征服了，連服裝都改了呢。我們要求管仲的，難道只像對一個普通的男人女人那樣死節，在河邊上上了吊，無聲無臭，甚麼功勞也沒有，才算好麼？」[28]在評價管仲的話裏，表現了孔子政治上的大一統主張和重民輕君的思想。

不過，在階級社會裏，孔子的思想不能不受到一定的限制。就是在教育方面，他雖然講究踏實，但他反對勞動教育。其實孔子從小比較窮苦，搞生產是有一手的，弟子們也是知道的。可是有一回，樊遲想跟孔子學種田，孔子就板起臉說：「我不如老農夫！」樊遲又想跟孔子學種菜蔬，孔子說：「我不如老種菜的！」樊遲退出後，孔子還跟別的弟子說：「樊遲真下賤呵，想學這個！」[29]

儘管如此，孔子的教育方法還是有很多可取的特點，這就是：因材施教，注重啓發，以身作則，踏實虛心。所以他的弟子顏淵曾這樣地稱嘆：「咳，往上看吧，越看越高；往裏鑽吧，越鑽越有東西。瞧着在前頭呢，忽然又轉到後頭了。老師是一步一步地善於誘導呵。給我最廣泛的東西，又給我最扼要的東西，讓我想要停下也不能夠。我費心竭力地跟着他跑，彷彿剛要趕上了，但是他又跑到前頭了，總是趕不上。」30

註釋

1 見《論語．先進》篇，第三章。
2 見《論語．先進》篇，第二十章。
3 見《論語．雍也》篇，第十二章。
4 見《論語．公冶長》篇，第七章。
5 見《論語．先進》篇，第四章。
6 見《論語．為政》篇，第十二章。
7 見《論語．公冶長》篇，第四章。

8 見《論語·述而》篇，第八章。
9 見《論語·子路》篇，第二十四章。
10 見《論語·子罕》篇，第二十二章。
11 見《論語·子罕》篇，第四章。
12 見《論語·述而》篇，第二十章。
13 見《論語·述而》篇，第二十二章。
14 見《論語·子罕》篇，第八章。
15 見《論語·為政》篇，第十七章。
16 見《論語·泰伯》篇，第十七章。
17 見《論語·公冶長》篇，第二十八章。
18 見《論語·為政》篇，第十五章。
19 見《論語·衛靈公》篇，第三十一章。
20 見《論語·公冶長》篇，第十章。
21 見《論語·憲問》篇，第二十九章。
22 見《論語·子罕》篇，第二十七章。
23 見《論語·為政》篇，第十一章。
24 見《論語·先進》篇，第十二章。
25 見《論語·述而》篇，第二十一章。

26 見《論語・公冶長》篇，第十二章。

27 見《論語・憲問》篇，第十六章。

28 見《論語・憲問》篇，第十七章。

29 見《論語・子路》篇，第四章。

30 見《論語・子罕》篇，第十一章。

二十六、編寫《春秋》

孔子不但經常通過對歷史人物的批評向弟子進行教育，而且他本人也是中國最早的歷史學者之一。

他對歷史，特別是文化史，有極濃的興趣，他根據魯國的史書，也參考了各國的史書，着手編寫歷史著作——《春秋》，《春秋》本來也是各國舊史書的名稱。

他曾說：「我不會創作，我只是轉述；我喜歡古代的東西，並且願意做解釋的工作。」[1]這是謙虛，但也是真話。

他有一個歷史學者所具有的尊重史料和選擇史料的習慣。他說：「有些人他甚麼也不知道就去動筆創作，我不是這樣子的。多打聽打聽，選擇那最好的；多見識見識，記住那最重要的。不必忙着叫人認為像知道一切的樣子！」[2]

有一次，孔子對弟子們說：「歷史上殘缺的文字，我從前還見到過。現在這種殘缺的文字簡直看不到了。」[3]這就是孔子留心史文的實例。

歷史文獻不足，在孔子當時已經成為問題了。孔子說：「夏代的禮制，我是能講一講的，但是杞國（夏代後人所建）所保存的文獻太少，已經沒法加以考證了；殷代的禮制，我是能講一講的，但是宋國（殷代後人所建）所保存的文獻太少，已經沒法加以考證了；如果文獻充份，我是能夠考證出結果來的。」[4]

當然，孔子當代（周）的文獻是很豐富的，所以孔子說：「周代文化承繼夏殷二代，於是更完備更燦爛了！我贊成周代。」[5]這也就是孔子長期間想做第二個周公的緣故，因為在孔子看來，周公正是周代文化的奠基人。

孔子也企圖尋找歷史的規律性。他的弟子子張有一次問道：「十輩以後的事可以知道麼？」孔子說：「殷代的文化是承繼夏代來的，不過有些增減；周代的文化是承繼殷代來的，不過有些增減。那麼，依此類推，就是百輩以後也可以約略估計了。」[6]當然，孔子還不能夠知道科學的社會發展規律，然而從孔子的話看來，他是認為歷史發展是有規律可尋的，而且是可以預見的，這是無疑的。

也就因為如此，孔子便很自信地認為業已獲得一套政治建設、文化建設藍圖，並認為這套藍圖是有歷史根據的。所以他說：「齊國如果變革很好，可以達到魯國所已達到的程度；魯國如果再變革得好，就可以達到近乎理想的程度了。」[7]這就是他僕僕風塵，奔走各國，希望實現自己理想的緣故之一。

自然，事實上當時的現實是並沒有實現他的理想的條件的。因此，孔子便只有把他的理想貫注到他所編寫的《春秋》中去，企圖通過歷史事實的編述，具體地表現他的主張。

春秋時代，社會開始劇烈變動，階級關係、社會秩序以及一切有關事物都表現出新與舊的鬥爭和矛盾發展。在新的沒能代替舊的之前，社會狀況、政治狀況必然顯得異常混亂。孔子是要求社會安定、政治上大一統的，這本是符合歷史發展的要求的，但是由於時代的限制，孔子還想不出適合走往大一統的新的形式，反而要在舊秩序之下實現大一統，這又是開倒車了。他認為國君要是真像個國君，臣子要是真像個臣子，以及一切有身份的家庭父子之間，都能各按名份，依禮相處，好像天下就容易太平了。在他早年對齊景公的談話中以及當他在衛國對子路發揮「正名」論的時候，就表現了這一種政治倫理思想。這種思想，使孔子白白地奔走了一輩子。到了晚年，他雖然知道終於不能實現自己的主張了，但是他還要在《春秋》中做起文章來。

這樣，他所編寫的《春秋》就不盡是客觀的事實紀錄了，而是有主觀看法的。記載一件事情，往往不是寫的事情本身怎樣，而是寫他認為事情應當怎樣。例如孔子認為當時的吳、楚兩國還不是文明的國家，所以它們的國王雖然自稱為王，孔子在書裏卻不把他們稱作王；又如晉國曾把周天子叫了去，孔子認為如果照寫，便損害周天子的尊嚴，於是只寫作周天子到某地去打獵[8]。這就是所謂《春秋》的名份大義，這就是後代的統治者為甚麼十分看重《春秋》的道理，這也就是《春秋》還不足稱為一部嚴格意義的史書的緣故。

然而儘管如此，《春秋》還是有着值得稱道的特點，是我國文化遺產中一部具有歷史意義的作品。

因為，《春秋》是中國保存下來最早的，也是世界上最早的一部編年史。它具有鮮明的時間觀念，記載歷史事件、天文現象（如日食、月食）發生的年、月、日，都很精確。它的另一個特點是神話色彩很淡，主要是寫人的歷史，這在二千多年前是難能可貴的。《春秋》中雖然有着不少孔子的主觀企圖，但他是以極其嚴肅認真的態度來編寫的。孔子在其他方面的文字工作，每每聽從別人修改，並不堅持己見。獨獨在《春秋》上，他要寫就寫，要刪就刪，千錘百煉，一字不苟，連擅長文學的弟子子游、子夏也不能參加甚麼意見，甚至不能動一字[9]。他重視到如此地步，曾說：「後代人知道我孔丘的，將因為這部《春秋》；後代人責罵我孔丘的，也將因為這部《春秋》。」[10]可見孔子簡直把《春秋》當做他的第二生命了。

這部《春秋》，是孔子重新回到魯國以後，在有限的歲月裏完成的。

註釋

1 見《論語．述而》篇，第一章。
2 見《論語．述而》篇，第二十八章。
3 見《論語．衛靈公》篇，第二十六章。
4 見《論語．八佾》篇，第九章。鄭注：「獻猶賢也」，文獻是文章賢才的意思。但我認為這裏仍應把文獻當作普通所謂文獻講。
5 見《論語．八佾》篇，第十四章。
6 見《論語．為政》篇，第二十三章。
7 見《論語．雍也》篇，第二十四章。
8 見《史記．孔子世家》；《左傳》僖公二十八年。
9 見《史記．孔子世家》。
10 見《孟子．滕文公》下，第九章。

二十七、整理詩歌和音樂

孔子對於音樂是有很深的情感的，我們從他在齊國因為聽到《韶》樂而有三個月不知道肉味兒這件事裏已可看出了。

孔子對音樂下過很大的工夫，同時，也像他在其他方面的學習一樣，是虛心而踏實的。他跟魯國音樂專家師襄子學琴的故事，就是一個具體例子。在他學了一些日子後，師襄子說：「可以學新的了。」

孔子說：「不行；我只學得曲子，拍子還不準確呢。」

過了些時候，師襄子說：「拍子行了，可以學新的了。」

孔子說：「不行；我還沒把握其中的主題呢。」

又過了些時候，師襄子說：「主題已經把握了，可以學新的了。」

孔子說：「還不行；我還沒有深刻地理解作者呢。」

再過了些時候，孔子才說：「我現在摸索出來了，這是一個有深邃的思想的人，這是一個很樂觀而眼光又很遠大的人，這是一個好像抱有統一全國的志願的人。難道這是周文王麼？不是他，誰還能作這樣的歌曲呢？」

師襄子不得不佩服了，恭恭敬敬地挺起身來說：「我們老師正是說這些樂章相傳是周文王作的呢。」[1]

後來孔子向師襄子形容他所理解的當時樂章的情形時說：「現在的樂章大概是這個樣子：剛奏樂的時候，很緩慢和平；到了樂章的主要部份，就各種樂器齊奏，很諧和，而音節明晰；最後，像抽絲一樣，慢慢停下了，這就是終止。」[2]他說得這樣具體，使我們在二千多年以後還能夠想像那時樂章是怎樣組成的。

歌唱已是孔子日常生活中不可缺少的一部份。除非這一天有出門弔喪等哀戚的事，他才停止歌唱[3]。他又每每喜歡聽別人歌唱，如果唱得好，他就叫人再來一遍，他自己也跟着來一遍[4]。

孔子對音樂是十分精通的。他曾批評舜的《韶》樂是盡美盡善的，而周武王的《武》樂卻只可以說是盡美，還不是盡善[5]。原因是，前者不只好聽，而且表現和平思想；後者雖好聽，但有些鼓動戰爭的氣息。孔子是反對戰爭而讚美和平的。這說明孔子對藝術的批評是技巧與內容兼顧的。

在中國古代第一部詩歌總集——《詩經》中的第一首詩歌是《關雎》，歌的大意是：

關關叫着的雙鳩鳥，
停留在河裏小洲上，
苗條善良的小姑娘[6]，
正是人家的好對象。

水裏的荇葉像飄帶，
左邊搖來右邊擺，
苗條善良的小姑娘，
睡裏夢裏叫人愛。

這樣的姑娘求不到，
起來躺下睡不着，
黑夜怎麼這麼長？
翻來覆去到天亮。

水裏荇菜不齊整，
左邊揪來右邊揪，
苗條善良的小姑娘，
彈琴鼓瑟的好朋友。

水裏荇菜長又短，
左邊選了右邊選[7]，
苗條善良的小姑娘，
鐘鼓迎來好喜歡！

這是一首民歌，這是孔子很喜歡的一首民歌。古代詩歌和音樂是結合着的，就音樂說，孔子曾這樣稱讚它：「從音樂家師摯所奏的序曲到配合《關雎》這個歌詞的最後樂章，聽起來井然有條，叫人覺得圓滿充實，真舒服極了！」[8]就這首民歌的內容說，孔子又這樣稱讚它：「《關雎》表現愉快的情緒，但不是淫蕩；《關雎》也表現悲哀的情緒，但不是頹喪。」[9]這是季札的見解的發揮，同時也代表孔子自己對藝術的要求：適度而不是過份，健康而不是病態。

孔子曾經借用《詩經》中《魯頌．駉》這一篇中的一句話來概括整部《詩經》，他說：「三百多篇詩歌，歸結一句話：『思想不要下流』。」[10]這可以看出孔子特別重視文藝作品的思想內容，也十分理解文藝作品的教育作用的。當然，孔子所要求的思想內容和教育作用是為貴族階級服務的，這是有着時代限制和階級限制的。

孔子把詩歌當做向弟子進行教育的重要項目之一，在這種場合，孔子便從更廣闊的方面來估計詩歌的價值了，所以他說：「年輕的人為甚麼不多學習些詩歌？詩歌給人鼓舞，給人借鑒，教導人如何融洽地相處，教導人如何諷刺不良的政治，教導人在家庭裏如何對待父母，教導人在朝廷裏如何對待國君，而且學習詩歌，可以多認識一些花草、樹木、飛禽、走獸的名字呢。」[11]

根據當時的外交習慣，一些流行的詩歌是常常被應用在國際交涉上的，交涉雙方往往借現成的詩歌來巧妙地表達自己的意圖，而應付的人也必須更巧妙、更敏捷地借現成的詩歌來對答，這樣才算不失體面。孔子因為自己的弟子可能擔任外交工作，便也鼓勵他們學詩歌。他曾提醒他們說：「三百多篇詩歌，就是都背得了，可是如果讓你當使者到各國去，別人提出來，你卻答不上，那麼再背多了又有甚麼用處呢！」[12]

對於自己的孩子孔鯉，孔子也着重地叫他學習詩歌。孔子曾問他：「《詩經》中《周南》、《召南》這兩部份你學了麼？不學《周南》、《召南》，可就像一個面向牆根兒邁不動步的大傻瓜呵！」[13]

和孔子在進行其他方面的教育時所採取的啓發方法一樣，孔子在詩歌的學習上也鼓勵弟子們舉一反三。有一天，子夏問道：「有一首詩歌上說：

笑起來有兩個酒窩呵，
動人的眼睛有黑又有白，
素淨的底子呵，
才可以畫出好看的畫兒來。

這怎麼講？」孔子說：「先有好底子，才能有好裝飾。」子夏聽了便道：「那麼，應該先有真感情然後才可以講禮節吧？」孔子於是叫着他的名字說：「商（子夏姓卜名商）呵，你給了我啓發。你有資格談詩了。」[14]

又有一次，子貢問道：「貧窮了也不諂媚人，富貴了也不向人驕傲，好不好？」孔子說：「這樣自然可以。但是還不如就是貧窮也仍然鑽研學問，就是富貴也仍然講究禮節。」子貢說：「有一首詩歌上說：

如切如磋，
如琢如磨。

老師對我的教育，就像琢磨玉石似的，使我的認識更進一步了。」孔子也叫着他的名字說：「賜呵，你有資格談詩了！因為，告訴你這樣，你就會悟到那樣。」[15]

孔子自己讀詩，也用這種方法：通過想像力，在詩裏悟出一些道理。例如一首詩上說：

小桃白花兒呵，
開開又合上，

我不是不想你呵，
只因家遠路又長。

孔子便道：「其實不曾真的想念呵，真的想念，還管遠不遠麼？」於是進一步便想到，如果一個人在學習上肯思考，就一定可以得到要學習的東西。更進一步又想到，在人思考的深度上，以及在學習與應用之間的聯繫上，都有不同的情況，他說：「大家在一塊兒學習了，但未必都在同樣程度上理解道理；就是在同樣程度上理解道理了，但未必都有自己的見解；縱然都有自己的見解了，但未必都能在不同的場合運用那些道理。」[16]

詩歌、音樂，加上禮節，是孔子教育內容的三個不可分割的組成部份。孔子在提到一個人應該受完全的教育時說：「先從詩歌的教育鼓舞起人善良的傾向，再在禮數上加以約束，最後完成在音樂的陶冶裏。」[17]當然，孔子對弟子的教育，除了這三個組成部份之外，也還有政治教育、歷史教育等等，然而孔子無疑是拿這三種教育當做人格培養的主要手段的。

在禮樂的教育上，孔子注重精神實質。他曾說：「人如果不懂得做人的道理，禮有甚麼用呢？人如果不懂得做人的道理，樂有甚麼用呢？」[18]他又曾說：「我們講禮，難道只是指佩戴甚麼，送人甚麼東西麼？我們講音樂，難道只是指怎樣撞鐘敲鼓麼？」[19]

孔子為了鄭重地進行詩歌禮節的教育，為了給人正確的概念，在他講詩講禮的時候，是和他正式講解其他書一樣，使用着當時的標準語言。——否則他就說土話了[20]。

當然，我們不能忘記孔子是很重視政治生活的人，因此他對詩歌音樂的重視也就不能不和政治生活聯繫起來。

在等級制的社會裏，音樂的演奏也反映貴賤等級的秩序，在當時被認為有嚴重的政治意義在內。魯國的貴族季氏用了六十四人的歌舞，孔子認為這是破壞當時的等級制度的，因為只有周天子才可以用這樣多的人的樂隊，魯國的國君由於得到周天子的特別允許才也用這樣的樂隊，而季氏貴族是不夠資格的。孔子曾認為這事是不可容忍的。還有，當孔子看到魯國其他兩家貴族也在宗廟裏演奏《詩經》中《周頌．雍》篇的時候，便也表示過同樣的憤慨[21]。

受了孔子教育的子游，當他在武城當地方官的時候，就實行了孔子把音樂作為政治建設的組成部份的理想。孔子遊歷到武城，聽見琴聲和歌聲，就笑了，說：「宰隻雞罷咧，使出宰牛的力氣來了！」子游答道：「這是我實行老師的主張呵。」孔子望着跟從的弟子說：「對呀，偃（子游姓言名偃）說的對。我剛才是和他開玩笑呢。」[22]

深知藝術對於人類的教育有巨大效果的孔子曾這樣說：「做一件事，知道非做不可才去做，不如願意去做的好，更不如做起來覺得有一種樂趣的好。」[23]所以做事一定要培養對事的感情，藝術的感染也是一種培養的途徑，這就是孔子為甚麼重視詩歌和音樂的理由。

孔子本人也是深受文學藝術的教育的好處的。我們看，孔子的語言很富有形象性和暗示性，換句話說，就像詩一樣。孔子的精神就是很樂觀、很積極，像健康的音樂一樣；他自己身上體現了他所指出的文學藝術所應起的良好作用。

孔子既把詩歌音樂和教育聯繫起來，既把詩歌音樂和政治聯繫起來，而且把它當做了具有極其重大意義的組成部份，於是孔子在從衛國回到魯國的晚年，就把整理當時流行的詩歌和音樂當做了首要的工作。他曾得意地說：「我從衛國回到魯國以後，詩歌的樂譜才入了正軌，錯亂的歌詞才就了序。」[24]他這一工作是規模宏大的，幾乎觸及到當時全部流行的歌詞和樂譜。正是主要靠了他的整理、提倡、保存，那部輝煌的古代詩歌總集——《詩經》——才廣泛流傳起來。

通過自己對詩歌和音樂的辛勤的鑽研，深切地理解到它的作用，發揮到教育上，提高到政治上，並且自己做出了成績，給後代保存了一些有價值的東西，也給了後代許多珍貴的啓示：這就是孔子在文學史、藝術史上的貢獻。

註釋

1 見《孔子家語．辨樂》篇，《韓詩外傳》五。《史記．孔子世家》敍此事於孔子在衛時，但據高誘《淮南子．主術訓》註，師襄魯樂太師，所以應係返魯後或壯年時事。

2 見《論語．八佾》篇，第二十三章。鄭注：「始作謂金奏時，聞金作，人皆翕如變動之貌。」我覺得這樣和「翕如」的意思不太符合，此間以我從前聽自祭孔時的音樂印象，意譯如此。

3 見《論語．述而》篇，第十章。

4 見《論語．述而》篇，第三十二章。

5 見《論語．八佾》篇，第二十五章。

6 「窈窕」，就聲音説，就是「苗條」。

7 陳奐《毛詩傳疏》：「芼者覒之假借字，《說文》：『芼，擇也。』」
8 見《論語．泰伯》篇，第十五章。
9 見《論語．八佾》篇，第二十章。
10 見《論語．為政》篇，第二章。
11 見《論語．陽貨》篇，第八章。
12 見《論語．子路》篇，第五章。
13 見《論語．陽貨》篇，第八章。
14 見《論語．八佾》篇，第八章。
15 見《論語．學而》篇，第十五章。
16 見《論語．子罕》篇，第三十一章。唐棣即小桃白，據郝懿行《爾雅義疏》。
17 見《論語．泰伯》篇，第八章。
18 見《論語．八佾》篇，第三章。
19 見《論語．陽貨》篇，第九章。
20 見《論語．述而》篇，第十八章。
21 見《論語．八佾》篇，第一章、第二章。
22 見《論語．陽貨》篇，第三章。
23 見《論語．雍也》篇，第二十章。
24 見《論語．子罕》篇，第十五章。

二十八、弟子顏淵和子路的死

孔子這時已經是七十歲左右的老人了。像孔子那樣享着高年的人，自然會見到一些比他年輕一些的人的死亡。這在老年人說來，是會份外地覺得感傷的。

在他六十九歲上，他的唯一的兒子孔鯉死了。孔鯉死時已五十歲。——孔鯉有一個兒子叫孔伋，號子思，子思後來也是著名的學者。

老年喪子，終是傷心的事。但更不幸的是，過了兩年，在孔子七十一歲的時候，不愉快的事接二連三而來。先是這一年的春天，有人在魯國西郊打獵，打了一隻像麒麟一般的動物。麒麟在傳說中是一種仁慈的獸，它一出現，向來認為天下要太平的，但現在被打死了，孔子覺得這就不是好兆頭。孔子於是哭了[1]。不久，孔子又眼見他最得意的弟子顏淵死去。

孔子是非常器重顏淵的。顏淵生活很窮困，但是並不因為窮困而放鬆了自己的學習。孔子曾說：「顏回（顏淵名回）太好了！吃的是粗飯，喝的是清水，住在又窄又小的巷子裏，要在別人就愁死了，但是顏回還是照常快樂。顏回太好了！」[2]

孔子又曾說：「告訴一個人如何學習，聽了從來也不懈怠的，大概只有顏回了。」[3]

顏淵不只學得孔子樂觀、積極、勤奮不息的精神，而且也學得了孔子的謙虛。他原是很聰明的人，孔子曾問子貢說：「假如你和顏回比，你覺得誰聰明？」子貢說：「我怎麼敢比他？顏回聽到一樁，就能悟到十樁，我頂多聽到一樁，悟到兩樁。」孔子說：「對了，你趕不上他。我和你都趕不上他！」[4]子貢就算聰明了，還趕不上，連孔子也承認趕不上。但是顏淵平常虛心到像傻子一樣。孔子說：「我和顏回談一天，他也不反駁，就像笨得要命。可是我事後自己想想，他也給了我些啓發，他不笨呵。」[5]

孔子是有政治熱情的人，但卻並不怎麼迷戀功名富貴。顏淵也是這樣的。在一般人看來，顏淵是有宰相之才的，可是他並不急於做官。所以孔子曾對顏淵說：「有機會就實現理想，沒機會也能安心，只有我和你可以做到。」[6]

總之，顏淵就是一個小孔子。這樣的一個弟子死了，孔子當然要痛哭。當他剛聽到這個消息的時候，就說：「老天要了我的命了，老天要了我的命了！」[7]

孔子哭得是如此哀慟，連自己是在哀慟中也不覺得了。別人說：「你太哀慟了！」他說：「哀慟麼？我竟忘了自己了。這個人死了再不哀慟，還哀慟誰呢？」[8]

顏淵的父親顏路，自然也是悲傷的。他想給顏淵葬得好一點，想買一副套棺，可是買不起。就去請求孔子，把孔子的車子賣了，去換一副套棺。這是使孔子為難的事情。孔子只好率直地告訴他：「不管成材料兒不成材料兒吧，咱們是各人說各人的孩子呵。鯉兒死的時候，也是只有一層棺。沒法子！我不能出門不坐車。因為我有時還和朝中做官的來往，我不能跟着他們步行呵。」[9]說得兩個老人都傷心起來了。

孔子的弟子們也想厚葬顏淵。可是孔子覺得哀悼也不應表現在這上頭，太過份了是不適宜的，就說：「不行！」但是弟子們終於厚葬了顏淵。孔子說：「顏回待我像父親，可是我沒能待他像兒子。這是弟子們幹的呵，我也做不了主了。」[10]

這一年——公元前四八一年的夏天，齊國發生了政變。逃亡到齊國的陳國貴族陳氏（在齊改姓田氏），在齊國掌握政權已有八代，這時更把齊國國君齊簡公殺了。到戰國時期（公元前四零三—前二二一年），田氏就篡奪了齊國政權。齊國這次政變是韓趙魏三家分晉的先聲。在某種意義上說，齊國政變可算是戰國時代的序幕。不過在孔子當時，他還看不出其中的歷史意義，只能感到這是大變動，很不以為然。

七十一歲高齡的孔子着了急，他最後一次表現對政治形勢的關切。他鄭重地去告訴魯哀公說：「陳氏把齊君殺了，請出兵討伐！」可是魯哀公是怕事的，而且魯國的政權實際上又掌握在三家貴族手裏，魯哀公便推給三家貴族，說：「問他們好了。」孔子說：「因為我從前參與過政治，所以不敢不來告訴；您卻要我去問他們，我就只好問他們了。」孔子就又去告訴了三家貴族，但這三家貴族在魯國的情形原和齊國的陳氏差不多，當然不會過問這種事。孔子碰了釘子[11]。在齊國這一次政變中，孔子的弟子宰我犧牲在齊國[12]。

第二年孔子又遇上了一件不幸的事，這就是他最親密的弟子子路也死了。子路而且死得很慘。

原來子路是有勇而無謀的。孔子曾經不止一次地告誡過他。有一次，子路問孔子：「如果你率領三軍的話，要帶誰去呢？」因為子路以勇敢出名，他以為孔子一定說要帶他。可是孔子說：「我決不帶赤手空拳就和老虎打一通的人，我也決不帶莽莽撞撞一點準備也沒有就要過河的人。我要的是遇到戰事能謹慎戒懼、善於策劃而能成功的人。」[13]孔子還認為子路性子太直了，太好強了，平常就覺得他不會善終似的[14]。

子路對孔子的事業最熱心，雖然因為心直口快，常常受孔子的申斥，但對孔子的感情始終很好。有一次，子路的好意又給孔子頂了回去。事情是這樣：有一回，孔子病得很重，子路為了讓孔子高興，就叫其他弟子當做孔子的家臣，擺一擺場面，彷彿孔子還在做官似的，其實這時孔子已經退休了。這被孔子發覺了，很生氣，說：「很久以來仲由就這樣會做假了！沒有家臣，裝作有家臣，騙誰？騙老天麼？而且我也不一定死在家臣手裏就好呵。我與其死在家臣手裏，何如死在弟子手裏呢？我縱然得不到政府的厚葬，難道還怕死在路上沒人掩埋嗎？」[15]

雖然子路常常挨孔子的罵，然而因為子路是個直爽的人，孔子對他也就最容易說出真心話，同時子路也有不少長處，像正直，勇敢，聽了就做，說得出就做得出，沒有任何猶豫，而且如果別人指出他的毛病就高興等[16]，因此孔子對他仍是十分愛惜的。

子路是死在衛國的。原來衛出公立了十二年以後，他父親蒯聵又來奪取王位。這時子路在衛國的一個貴族孔悝那裏做官。孔悝是蒯聵的外甥。孔悝並不贊成蒯聵。可是孔悝的母親，即蒯聵的姐姐，卻歡迎蒯聵，原因是她在孔悝的父親死後，愛上一個僕人叫渾良夫的，蒯聵支持她這一段愛情，並允許她改嫁。結果，孔悝的母親和渾良夫當了蒯聵的內應。

蒯聵潛回衛國，住在孔悝的菜園裏。孔悝的母親就幫同蒯聵來強迫孔悝也參加政變。他們是那樣匆忙，要歃血為盟了，連牛也來不及找，就抬了一口豬來。孔悝的母親拿着戈，蒯聵帶着五個武士，就把孔悝從廁所裏尋了出來，脅迫他登上了立盟約的土台子。

孔悝的家臣欒寧這時正在烤肉吃酒，也沒等肉烤熟，就趕快派人去告訴子路。欒寧又急忙找了一輛車，一路上吃着烤肉，護送着衛出公逃往魯國去了。

子路聽到信息，就趕了來，要進城。恰巧孔子另一個也在衛國做官的弟子子羔從城裏出來。子羔說：「城門已經關了。」子路說：「我是趕來的呢。」子羔勸他離開。他說：「吃人家的飯，在人家出了事情的時候不該怕出頭。」子路瞅了一個使者出城的空，進了城。

他主要是想救出孔悝。他對蒯聵說：「何必一定扣住孔悝呢？就是殺了他，也還會有別人來繼續反對你的。」但蒯聵沒有聽。子路料到蒯聵膽小，便準備在土台子下放起火來，以為蒯聵怕火，會釋放孔悝。

蒯聵果然怕火，但沒有放出孔悝，倒派了兩員勇將下來和子路戰鬥起來。子路受了重傷，帽纓也斷了。子路說：「好漢臨死的時候，帽子還是要戴正的。」他在把帽纓結好的時候，斷了氣；身體被剁成了肉醬。蒯聵終於取得了衛國的王位，這就是衛莊公。

孔子一聽說衛國發生政變，就感到不安，說：「高柴（子羔名高柴）還可以安全回來，仲由一定犧牲了。」[17]不久果然凶信到了，孔子就在院子裏哭起來。這時有來弔唁的，孔子立刻還了禮。孔子哭完了，才又問起子路怎麼死的，送信的人說：「成了醬了！」孔子便趕快叫人把屋子裏吃的醬蓋起來，為的是怕看了心裏難受[18]。

顏淵和子路的死，對於孔子都是沉重的打擊。一個是最好的弟子，一個是最親的弟子，共過若干患難，相處過三四十年，現在都離開他了。

註釋

1 見《公羊傳》哀公十四年。

2 見《論語・雍也》篇，第十一章。

3 見《論語．子罕》篇，第二十章。
4 見《論語．公冶長》篇，第九章。
5 見《論語．為政》篇，第九章。
6 見《論語．述而》篇，第十一章。
7 見《論語．先進》篇，第九章。
8 見《論語．先進》篇，第十章。
9 見《論語．先進》篇，第八章。
10 見《論語．先進》篇，第十一章。
11 見《論語．憲問》篇，第二十一章。
12 見《史記．仲尼弟子列傳》。但有不相信此事的；茲依梁玉繩、全祖望、宋于庭諸人説，認《史記》所記為是。
13 見《論語．述而》篇，第十一章。
14 見《論語．先進》篇，第十三章。
15 見《論語．子罕》篇，第十二章。
16 見《孟子．公孫丑》上，第八章。
17 見《左傳》哀公十五年。
18 見《禮記．檀弓》上，第七章。

二十九、孔子最後的歌聲

孔子這時的生活露出了淒涼的晚景。現在只有子貢、子夏、曾子等這班年輕的弟子陪伴着他了。

一天，他對子貢說：「沒有人了解我呀！」子貢說：「怎麼說沒有人了解你呢？」孔子說：「我也不抱怨天，我也不怪甚麼人。我一生刻苦學習，有了現在這樣的成就，只有天知道罷了。」[1]

又有一天，他又對子貢說：「我不再想說話了。」子貢說：「你如果不說話，我們拿甚麼作為準繩呢？」孔子說：「天說甚麼來麼？還不是一樣有春夏秋冬，有萬物生長麼？天說甚麼來麼？」[2]

子貢知道孔子的心情不同往日了。

現在到了孔子生命最後的一年了。

這時是公元前四七九年，魯哀公十六年。在這年的春天，孔子病了。

一天清早，子貢來看孔子。孔子已經起身，正背着手，手裏拿着拐杖，在門口站着，像是等待甚麼的樣子。孔子一見子貢來了，就說道：「賜呵，你為甚麼來得這麼晚呢？」於是子貢聽見孔子唱了這樣的歌：

泰山要倒了，
樑柱要斷了，
哲人要像草木那樣
枯了爛了！

這是孔子最後的歌聲，「哲人」是孔子最後對自己的形容。孔子唱着唱着就流下淚來。子貢感到孔子已經病重了。

子貢趕快扶他進去。這時又聽見孔子說：「夏代人的棺材是停在東階上的，周代人的棺材是停在西階上的，殷代人的棺材是停在兩個柱子中間的。我昨夜得了一夢，是坐在兩柱間，受人祭奠呢。我祖上是殷人呵。我大概活不久了。」

孔子從這天起病倒在床上，再也沒起來。經過七天，孔子在弟子們的悲痛中離開了他們[3]。

魯哀公親自為孔子作了祭文，那祭文上說：「上天不仁呵，連個老成人也不給留下。剩下我一人在位，孤孤零零，擔着罪過。咳！尼父（指孔子）呵，我今後向誰請教呵！」4

孔子死的時候是七十三歲。他的遺體葬在現在山東曲阜城北泗川旁邊，就是被稱為「孔林」的地方。

孔子死後，他的弟子像失掉了父親一樣的哀痛，有很多人在他墳上搭棚，住了三年。過了三年，在分別的時候，大家又都哭了。子貢還不忍離開，又住了三年。此後，弟子們還是常常思念孔子。他們覺得他們之中的有若很像孔子，便想拿有若當孔子來侍奉。子夏、子游、子張都贊成這樣做；但是曾子提出不同意見。曾子說：「這不成。我們誰能比老師呢？老師就像江水洗過、太陽曬過那樣的潔白光明，誰也比不上呵！」5

孔子死後，弟子們常常清晰地回憶起孔子日常為人的態度。孔子是非常富有同情心的。他本來每天唱歌，但是逢到這一天有弔喪的事，他就停止了歌唱。他見到穿孝服的，見到瞎子，就是年輕的，見了也一定起坐，路上碰到也是趕快迎上前去。而且即使是很親暱的朋友，如果有了喪事，也一定表示嚴肅的哀悼；即使是日常可以開玩笑的，假若是穿上喪服或者眼瞎了，那就一定對他們保持禮貌[6]。

有一次，一個瞎了眼的音樂師叫冕的來見孔子。他走到台階，孔子就告訴他：「是台階。」他走到屋子裏席子上，就告訴他：「是席子。」等他坐下了，又介紹給他屋裏的人：「某某坐在這裏，某某坐在那裏。」等他走了，弟子子張便問道：「這樣不太瑣碎麼？」孔子説：「接待瞎眼的人，是應該這樣子的。」[7]

有一次，馬棚失火。孔子首先問：「傷了人沒有？」不問傷不傷馬[8]。

孔子的弟子公冶長不幸被捕入獄，孔子發覺不是他的過錯，不但絲毫沒有看不起他的意思，而且把自己女兒嫁給了他[9]。孔子對於人的同情和關懷就是如此。

孔子也很愛動物。孔子養的一條狗死了，便叫子貢去埋起來，並告訴他説：「我聽説，破帳子別扔，好埋馬；破車蓋兒別扔，好埋狗。我窮得連車蓋兒也沒有，你拿我的破席子去把狗蓋了吧，別叫它的腦袋露着呢。」[10]

孔子對於老朋友，每每一直保持着友情。就是和自己作風不同的，也不肯輕易絕交。他有一位老朋友叫原壤，原壤是隨隨便便的人，孔子曾挖苦他説：「年輕時就不規矩，長大了也沒有出息，你這老不死的，真是一個賊呀！」説着便用拐杖照他的大腿敲了幾下[11]。

可是原壤死了母親，孔子還是幫助他收拾棺材。原壤卻瘋瘋癲癲似的跳在棺材上，打着棺材板兒，衝着孔子笑嘻嘻地唱起來。

孔子像沒有聽見一樣，不理他。跟隨孔子的弟子卻忍不住了，說：「這樣的朋友，還不該絕交麼？」

孔子微笑着說：「不是說，原是親近的還應該親近，本來是老朋友的也還是老朋友麼？」[12]

孔子給人的印象是謙和的，但是他對於認為該做的事，又是堅決地去做的。他曾說：「看見應該做的事不去做，就是沒有勇氣。」[13]又說：「對於應該做的事，就不用客氣，就是老師，也要和他比賽比賽。」[14]他還說：「早上明白了真理，就是晚上死了也值得！」[15]

他說過的那句話：「到寒冬，人們才知松樹和柏樹是不易凋零的」[16]，可以看做是他晚年的自讚。他又說：「我到了七十歲上，才做到無拘無束，可是一舉一動，也都離不了譜兒。」[17]可以看出他是無時不在努力，年年有進境的。

這些片段印象，常常泛上了弟子們的記憶，也就被記錄了下來。

和弟子們對於孔子的崇敬相反，魯國的貴族還是像從前一樣毀謗孔子。子貢說：「沒有用呵。孔子是毀不掉的。這能對孔子有甚麼損害呢？這只是表明他們自己太不量力罷了。」[18]

從事教育四十年以上的孔子，就在弟子心目中留下了這樣深刻而難忘的影子。

一九五四年八月一日至八月二十一日寫畢，八月三十日修改一過。
一九五五年九月十六日至九月二十八日，重改謄抄一過。一九五六年一月二十七日，改定。同年五月二十二日，再改定。

註釋

1 見《論語．憲問》篇，第三十五章。
2 見《論語．陽貨》篇，第十九章。
3 見《禮記．檀弓》上，第四十四章。
4 見《禮記．檀弓》上，第一百零七章；《左傳》哀公十六年。
5 見《孟子．滕文公》上，第四章。
6 見《論語．子罕》篇，第十章；《鄉黨》篇，第十九章。

7 見《論語．衛靈公》篇，第四十二章。
8 見《論語．鄉黨》篇，第十一章。
9 見《論語．公冶長》篇，第一章。
10 見《禮記．檀弓》下，第六十五章。
11 見《論語．憲問》篇，第四十三章。
12 見《禮記．檀弓》下，第六十九章。
13 見《論語．為政》篇，第二十四章。
14 見《論語．衛靈公》篇，第三十六章。
15 見《論語．里仁》篇，第八章。
16 見《論語．子罕》篇，第二十九章。
17 見《論語．為政》篇，第四章。
18 見《論語．子張》篇，第二十四章。

後記

孔子是一個重要的歷史人物，所以我們要講他的故事。

我們講孔子的故事，主要是想使大家看一看孔子在當時是怎樣生活着的，以及當時的人（各式各樣的人）是怎樣看待孔子的。我們也指出了孔子的一些進步性，但是正如嵇文甫同志所說：「承認孔子有一定的進步性，並不是要提倡尊孔讀經。」[1]

對於孔子要不要加以評價呢？當然要。這筆賬總要算，應該算。毛主席教導我們說：「今天的中國是歷史的中國的一個發展；我們是馬克思主義的歷史主義者，我們不應當割斷歷史。從孔夫子到孫中山，我們應當給以總結，承繼這一份珍貴的遺產。」[2]

但是在這本小冊子裏是不是就要「給以總結」呢？不能夠。這主要是因為作者的思想水平有限，沒有能力做這個工作的緣故。就是前面所講的故事，也只能是從作者的思想水平出發而編述下來的，在選擇取捨之間，在解釋評論之間，錯誤一定難免。寫出來，也只是請讀者指教！這不是客氣話，是實話！因此，也就談不到甚麼「給以總結」了。那是要留待更辛勤的、更精通的掌握了馬克思列寧主義的科學工作者來完成的。

可是讀者中也許有人要追問我究竟對於孔子是怎樣看法的。我在這裏，也就把我極不成熟的看法談一下。談得不對的地方也一定有，還是誠懇地向讀者討教！

第一，從孔子所處時代的社會性質來看孔子。孔子處在春秋時代，以我理解，春秋和戰國實在是一個整個時代，這個時代是中國奴隸制社會崩潰、封建社會形成的過渡期。春秋和戰國誠然有很大的不同，但這個不同，在我看來，只是社會變動的劇烈程度表現得不同罷了。在春秋時期，社會變動還沒有達到質的突變，而在戰國時期則完成了這一變革。郭沫若先生說：

依據《史記》，把絕對的年代定在周元王元年，即紀元前四七五年。在這之前的春秋作為奴隸社會的末期，在這之後的戰國作為封建制的初期。[3]

如果劃界的話，這樣劃界自然也可以。但是這當然不是說歷史是可以截然劃開的。而這樣的劃界，我覺得還不如把春秋戰國當做一個整個過渡期，因為這樣對一些學術思想的演變要好解釋些。只是孔子所處的時代還是奴隸制時代而不是封建社會，在這點上，我是同意郭沫若先生的看法的。

春秋戰國是一個整個時代，先秦諸子的思想都是這一整個過渡期的劇變中的意識反映。孔子是先秦諸子中最早的一個。他的進步面之一，就是反映奴隸制社會崩潰期的「人」的解放，這個偉大現實在他思想體系上，就是「仁」的學說，就是把教育從貴族所專有（官學），在一定程度上開放給一般人（私學）。孔子的進步面之二，就是他在這段過渡期——同時也是封建社會的形成期——中，為大一統的封建王朝提供了一些雖然粗略的但是規模宏大的政治建設藍圖，他研究了已往的政治經驗，作出了一定程度的總結，又加上一些適合社會發展情況的創造，給後代封建社會的統治規模打下了一些基礎。把他稱為封建社會的「聖人」，不是偶然的。封建社會總比奴隸制社會前進了一步，所以就當時看，孔子的大部份政治理想是有進步意義的。

孔子的落後面主要是他還帶有奴隸社會中的等級思想，甚而是氏族社會中所遺留的血統觀念、狹隘地域觀念，這就是表現在講君君、臣臣、父父、子子，講正名，講禮，講君子、小人，講天，講命，講內諸夏而外夷狄（對吳、楚就加以敵視）等等。這裏很多東西是陳腐的，孔子在講到這些東西的時候，也特別流露出留戀一些舊事物的感情。

而且，更由於孔子所處的時代的過渡性以及他的政治地位（他既當過高級官吏，而且一生主要活動除了教育事業外也是奔走做官，就是教育事業也主要是訓練弟子們做官的）的關係，他的思想有許多不徹底、不明朗、對上妥協、對勞動生產和勞動人民輕視的地方。這些地方集中地表現了的就是他所謂「中庸」之道。這是他的軟弱處。

他有進步面，有落後面，有軟弱處，而進步面是主要的，這就是我對於孔子的估價。概括地談孔子，就是如此。

如果仔細考究下去，孔子的進步面、落後面、軟弱處，我認為也還是錯綜的，好的不完全是好，壞的也不完全是壞。舉例說，他講仁，這是進步的，但是同時講禮，禮就限制了仁；他普及教育，這是進步的，但也並非普及到一切人，限度也仍然是有的。他講禮，一般說是落後的，但是他注重禮的內容而輕視禮的形式，這就又是改革；他講天，講命，一般說也是落後的，但他並沒有迷信鬼神，也沒有全部陷入宿命論，這就仍有他開明的地方。他講中庸，不錯，一般地也是妥協性的表現，但是在「和而不同」上，在對弟子依不同個性而分別指示「過猶不及」上，在「學」與「思」並重上，這就貌似妥協，而事實上是避免絕對化、片面化的正確態度和正確思想方法，這就又不能一筆抹煞了。至於孔子對後代的影響，問題就更複雜，有好影響，也有壞影響；在壞影響中有的是孔子本來不對，也有的本來是有益的東西，而因為不正確的理解，就變為有害的東西，關於這方面，責任就不能完全由孔子來負了。所以我們一方面對孔子要有總的把握，一方面對他個別言論的實質和影響還要加以具體分析。

第二，在估價孔子時，我認為不能照我們主觀上的認識，把孔子的思想作為一個嚴密的思想體系來對待，也不能拿後代由於演繹孔子的思想而構成的一套完整的儒家思想系統來派作孔子的思想。孔子雖然說「吾道一以貫之」，但究竟孔子的思想還沒有達到成為一個嚴密的系統的地步，這是因為中國學術思想在那個時代還沒發達到這個地步的緣故。所以我贊成侯外廬先生等所提出的「不均衡」、「自論相違」[4]。很多人過高地估價孔子，或過低地估價孔子，主要是由於沒考慮到這一點。

第三，在孔子對於中國文化的一些具體貢獻如教育事業、編寫歷史、整理詩書上，在孔子個別有價值的言論（包括着智慧和經驗）上，在孔子本人的「學不厭、教不倦」的積極態度上，大多數現代學者幾乎沒有異議，我認為這也就是應當肯定下來的東西。所以，所謂對孔子也還不能「給以總結」，並不等於對孔子來一個「不可知論」。我們應該把可以肯定的東西和還在爭論的問題分別開來。

第四，無論談孔子的歷史地位也好，無論談孔子的具體貢獻也好，我們一定要避免個人崇拜。這不只因為個人崇拜是不應該的，是會產生毛病的，而且因為誇大個人在歷史上的作用首先是不合乎事實的，是不科學的。孔子無論有多高的成就，是和當時的社會發展分不開的，而社會的發展首先是廣大勞動人民所推動的。孔子的出現也不是孤立的現象，就像同時的政治家子產、晏嬰等，也已經具有和孔子相近的才能（雖然發展的方向不同）；就像同時的普通人長沮桀溺等，也已經具有和孔子對社會變動同等的關切（雖然看法不同）；就像「士」這個階層，當時一般也都在活躍着——他們都是生活在同一時代裏呵。孔子一生經過了一些發展，這些發展也都步步可尋，都和他的豐富經歷、刻苦努力分不開，而這些豐富經歷、刻苦努力，也只有在他那特定的歷史階段中才有可能實現。決不能把孔子當做奇蹟！

這就是我對於孔子粗枝大葉而又膚淺的看法。至於本稿之成，也經過了一些歲月，中間阿英同志提過寶貴的意見，也得到上海人民出版社編輯同志的很多幫助，這樣才寫完。（但是並沒有寫好！）我要謝謝他們，並期待讀者給我更多的教益！

長之

一九五六年五月二十六日記於北京

註釋

1 嵇文甫《關於歷史評價問題》，人民出版社一九五六年三月版，第一零頁。

2 《毛澤東選集》第二卷，人民出版社一九五二年第二版，第五二二頁。

3 郭沫若《奴隸制時代》，新文藝出版社一九五二年六月版，第二七頁。

4 見侯外廬、杜守素、紀玄冰合著《中國思想通史》第一卷，三聯書店一九四九年長春版，第一二八頁。

天地博雅文叢

經典常談　朱自清 著
新編《千家詩》　田奕 編
邊城　沈從文 著
孔子的故事　李長之 著
啓功談金石書畫　啓功 著　趙仁珪 編
沈尹默談書法　沈尹默 著
詞學十講　龍榆生 著
詩詞格律概要　王力 著
唐宋詞欣賞　夏承燾 著
古代漢語常識　王力 著
梁思成建築隨筆　梁思成 著
簡易哲學綱要　蔡元培 著
唐宋詞啟蒙　李霽野 著
唐人絕句啟蒙　李霽野 著
唐詩縱橫談　周勛初 著
佛教基本知識　周叔迦 著
佛教常識問答　趙樸初 著
漢化佛教與佛寺　白化文 著

天地
www.cosmosbooks.com.hk

書　　名　孔子的故事
作　　者　李長之
編輯委員會　梅　子　曾協泰　孫立川
陳儉雯　林苑鶯
責任編輯　祈　思
美術編輯　郭志民
出　　版　天地圖書有限公司
香港皇后大道東109-115號
智群商業中心15字樓（總寫字樓）
電話：2528 3671　傳真：2865 2609
香港灣仔莊士敦道30號地庫／1樓（門市部）
電話：2865 0708　傳真：2861 1541
印　　刷　美雅印刷製本有限公司
香港九龍官塘榮業街 6 號海濱工業大廈4字樓A室
電話：2342 0109　傳真：2790 3614
發　　行　香港聯合書刊物流有限公司
香港新界大埔汀麗路36號中華商務印刷大廈3字樓
電話：2150 2100　傳真：2407 3062
出版日期　2019年5月／初版

ISBN ： 978-988-8547-63-0